지식의 사슬

지리 시간에
철학 하기

지식의 사슬 | 지리 시간에 철학하기

초판 1쇄 발행 2010년 6월 30일
초판 17쇄 발행 2023년 11월 1일

기획 강응천 **글쓴이** 안광복
발행인 이재진 **도서개발실장** 안경숙 **책임편집** 송재우 **연구편집** 정연경
디자인 ns-pole(김원용) **일러스트레이션** 이장미 **지도 일러스트레이션** Map. ing
마케팅 정지운, 박현아, 원숙영, 신희용, 김지윤, 황지영 **제작** 신홍섭

펴낸곳 (주)웅진씽크빅
주소 경기도 파주시 회동길 20 (우)10881
문의전화 031)956-7403(편집), 031)956-7069, 7569, 7570(마케팅)
홈페이지 www.wjjunior.co.kr **블로그** blog.naver.com/wj_junior
페이스북 facebook.com/wjbook **트위터** @new_wjjr **인스타그램** @woongjin_junior
출판신고 1980년 3월 29일 제406-2007-00046호 **제조국** 대한민국

ISBN 978-89-01-10909-1 44080
        978-89-01-06526-7 (세트)

지리 시간에 철학 하기

안광복 지음, 강응천 기획

웅진주니어

들어가는 말

아버지께서는 어린 삼형제를 데리고 여행을 자주 다니셨다. 유성 온천과 강릉 경포대, 부산 자갈치 시장 등등은 아직도 기억에 생생하다. 여러 곳을 지날 때마다 아버지는 줄곧 혼잣말을 되뇌시곤 했다.

"저기는 상가가 들어서면 잘될 자리인데……."
"강 건너편에는 공업 단지가 들어서면 괜찮을 거야."
"저 도시가 앞으로 여기까지 뻗쳐 나올 테니, 건너편 산 부근에 도로가 생기겠군."

이십여 년이 훨씬 더 지난 지금, 나는 종종 아버지의 혼잣말을 떠올리며 깜짝 놀라곤 한다. 아버지가 흘리시던 말들은 대부분 현실이 되었다. 평생 건물을 짓고 관리하는 사업을 하셨던 아버지의 눈에는 자연스레 땅의 '궁합'이 보이셨던 것이다.

땅마다 마땅히 쓰여야 할 용도가 있다. 상가에 어울리는 터에 주택이 들어서면 어떨까? 살림집이 있어야 할 곳에 상가를 지었다면? 장사할 터를 차지한 가정집은 복작거려 살기 괴로울 테다. 그 반대도 마찬가지다. 조용한 가게에서 파리만 날리고 있을지 모른다. 때로는 멧돼지와 노루가 살도록 땅을 건드리지 말아야 할 곳도 있다. 그곳까지 침범해 버린 사람들은 덩치 큰 짐승들 때문에 가슴 조리며 살게 될 것이다.

아버지께서는 삶의 경험으로 땅을 보는 눈을 틔우신 셈이다. 생각해 보면, 아버지의 안목은 지리학자들의 안목과 다르지 않다. 튀넨의 고립국 이론이나 크리스탈러의 중심지 이론 등을 안다면, 공장 터나 상가를 고르는 법을 어느 정도 알 수 있다. 인문 지리와 자연 지리를 통해 기후나 지형에 따라 작물과 산업이 어떻게 변하는지도 짚어 볼 수 있다.

아버지의 눈은 철학자의 눈이기도 했다. 풍수지리는 어느 때부터 묘지 자리를 고르는 괴상한 미신으로 변해 버렸다. 하지만 풍수지리란 원래 음양

오행이라는 세계관을 기초로 땅과 궁합이 맞는 쓰임새를 찾던 이론이다. 나아가 철학은 엑스레이처럼 눈에 안 보이는 세상의 진짜 모습을 드러내는 학문이다. 예컨대, 미셸 푸코는 감옥과 학교를 관찰하여 그 속에 담긴 근대 사회의 원리를 추려 내었다. 미셸 푸코 같은 눈으로 땅의 논리를 읽는다 해서 이상할 것은 없겠다.

나는 이 책을 통해 아버지가 땅에서 보셨던 것들을 지리학의 눈으로, 철학의 시선으로 바라보려 한다. 내가 찾고자 하는 바를 '순리(順理)'라고 해도 좋을 듯 싶다. 땅은 자신에게 어울리는 모습대로 있어야 그 위에서 사는 사람들도 행복한 법이다.

철학자들은 지리에 관심이 참 많았다. 철학자 칸트의 강의 중 가장 인기를 끌었던 것은 지리학 강좌였다. 데카르트는 '세상이라는 큰 책'을 알기 위해 젊은 시절 군대에 자원입대하여 세상을 떠돌아다녔다.

나는 이 책의 작업을 칸트처럼 해냈다. 그는 자신이 살던 쾨니히스베르크 밖으로는 한 발자국도 나가지 않았다. 나 또한 여행 대신, 도서관에 틀어박혀 수많은 지리학 책들과 씨름을 했다. 세상의 근본을 꿰고 설명하고 싶어 한다는 점에서, 지리학은 철학과 많이 닮았다.

지리학은 참 매력적인 학문이다. 지리학을 접하면 세상을 넓고 세심하게 보게 된다. 철학은 여기에 더해 세계를 깊게 보게 해 줄 테다. 『지리 시간에 철학하기』에서 나는 넓고 깊은 시선으로 세상을 바라보려고 애썼다. 지리로 철학하는 즐거움을 여러분과 함께 누릴 수 있으면 좋겠다.

2010년 안광복

차례

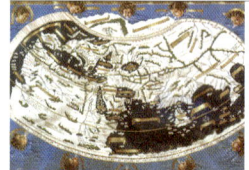

지식의 사슬

1부 | 땅 읽기 :

먹을거리, 살거리의 지리학

지리 교과서에는 주거 공간의 특징, 지방마다 나는 농산물들을 설명하는 내용이 적잖이 담겨 있다. 철학에서도 어디에 살고 무엇을 먹는지는 무시하기 어려운 문제다. 성격이나 생각이 살아가는 방식과 동떨어지기는 힘든 법이다. 명당을 찾아 주는 풍수지리와 땅을 읽어 주는 지도, 아파트 같은 살거리와 식탁 위의 먹을거리를 통해 일상 속에 담겨 있는 우리의 깊은 모습을 찾아내 보자.

01 풍수지리 : 조상님, 조상님, 명당 드릴게 복을 주세요

집 지을 터를 고를 때는 주변 산세(山勢)와 물길, 바람 방향 등을 잘 살펴야 한다. 곰곰이 따져 보면, 풍수지리에는 주변 환경을 잘 살펴 집터를 고르라는 지혜가 담겨 있다. 하지만 지금의 건축가들은 굳이 풍수지리를 따지지 않는다. 바람이 세고 물이 배어 나오는 터도 '택지 정리'를 통해 가다듬으면 그만이다. 이제 풍수지리는 버려야 할 미신일 뿐일까?

■ 많은 사람들이 좋은 자리에 집을 짓고 살고 싶어 한다.

어디다 집을 지으면 좋겠어요?

나지막한 산과 들, 강이 펼쳐진 평범한 그림이다. 우리나라 어디에서나 있을 만한 시골 풍경, 초등학교 아이들에게 그림 속 어디에 집을 지을지 물어보자. 어른 세대라면 대개 산 바로 밑, 들이 막 펼쳐지는 곳에 터를 잡는다. 강은 소리치면 어렴풋이 들릴 거리만큼 집과 떨어져 있을 테다.

반면 요새 아이들이 집 짓는 위치는 종잡기 어렵다. 어떤 아이는 강 바로 옆에 집을 그린다. '리버사이드(riverside)'의 낭만을 즐기기 위해서란다. 다른 아이는 산등성이에 집을 내려놓는다. 경치가 좋다는 이유에서다.

실제 마을이 생겨날 때도 마찬가지다. 예전의 동네는 항상 산 바로 밑에 옹기종기 모여 있었다. 그러나 지금의 아파트 단지는 '아무 데나' 들어선다. 허허벌판이건, 산 중턱이건 가리지 않는다. 왜 이렇게 집터에 대중이 없어졌을까? 땅이 부족하기 때문일까?

집이 아무 데나 자리 잡는 까닭은 꼭 땅이 부족한 데만 있지 않다. 건축 기술이 시원찮은 옛날에는 산 밑에 집을 지을 수밖에 없었다. 차디찬 북쪽 바람을 피하려면 집이 산을 등지고 있어야 하기 때문이다. 게다가 산은 온갖 '부수입'까지 안겨 주었다. 땔감뿐 아니라 산딸기 같은 과일, 토끼나 멧돼지 같은 사냥감까지 말이다.

또한 강은 집에서 적당히 떨어져 있어야 했다. 홍수가 나면 큰일이니 말이다. 그렇다고 강이 너무 멀리 떨어져 있어도 곤란했다. 물을 구하기 힘들 뿐더러 나다니기도 불편한 까닭이다. 예전에는 어지간히 큰 짐은 강을 통해서 날랐다. 산을 등지고 강을 끼고 있는 자리, 즉 배산임수(背山臨水)인 터가 명당인 이유들이다.

하지만 지금은 어떤가? 난방이 잘 되는 요새 집들은 굳이 산 밑에 있을 필요가 없다. 예전에는 주변 산보다 높은 건물은 짓지 않았다. 지을 재주도 없었지만, 높은 건물은 바람이 너무 세게 방 안으로 들이닥치는 까닭이다. 지금은 높은 건물을 지을 때도 산 눈치를 보지 않는다. 30층을 훌쩍 넘는 건물들이 되레 산을 가리고 서는 경우도 아주 많다.

나아가 강 바로 옆에 건물을 지으면서도 걱정하는 기색이 별로 없다. 댐이 많아져서 강이 넘치는 일이 흔하지 않기 때문이다. 이제 주변 자연은 생활과 별 상관이 없다. 단지 눈을 즐겁게 하는 '경치'로 여겨질 따름이다.

그러니 지금 세상에는 특별한 명당자리가 있을 리 없다. 아무 데나 다 명당이다. 좋은 산과 강보다, 주변에 지하철과 쇼핑센터가 있는지가 살 곳을 정하는 더 중요한 기준이 되었다.

지하철역이 있는 곳이 명당?
옛날에는 배산임수가 명당의 조건이었다면, 현대에는 교통이 편리하고 쇼핑센터가 가까운 곳을 명당으로 여긴다. 따라서 지하철역 부근은 명당에 속한다. 경기도 고양시 주엽역.

1부 | 땅읽기: 먹을거리, 살거리의 지리학

장풍득수 – 집터를 보는 원칙

그럼에도 사람들은 아직도 풍수지리를 따진다. 똑같은 아파트라도 남쪽으로 터 잡은 쪽이 비싸다. 부동산 업자들도 풍수지리를 따지며 사람들을 혹하게 한다. 정기(精氣)가 모이는 곳이라는 둥, 복 받을 곳이라는 둥 말이다. 풍수지리는 단지 '미신'만은 아니다. 분명 풍수 좋은 땅은 쾌적하고 복 받을 곳이다. 풍수를 살피는 가장 큰 원칙인 장풍득수(藏風得水)만 해도 그렇다. 장풍이란 바람을 모은다는 뜻이다. 즉, 바람이 거칠지 않은 아늑한 곳이 훌륭한 터다.

바람이 부드럽고 아늑하려면, 듬직한 산들이 터 주변을 겹겹이 둘러싸고 있어야 한다. 좌청룡·우백호(左青龍右白虎)[1]는 그래서 나왔다. 왼쪽과 오른쪽에 튼실한 산이 버티고, 북쪽에는 현무(玄武)가, 남쪽에는 주작(朱雀)이 자리 잡아야 한다. 집 뒷산이 바로 현무다. 이를 풍수학자들은 주산(主山)이라 한다. 이렇듯 산으로 둘러싸인 평지는 큰 바람이 들 리 없으니 당연히 아늑하다.

머릿속으로 주산 발 머리에 집을 지어 보자. 창문을 열고 들판을 바라보라. 옛 조상들은 연못이 넓어 보이게 하려고 못 가운데 섬을 놓았다. 경주의 안압지, 경복궁의 향원정이 그렇다. 마을도 마찬가지다. 그냥 너른 벌판만 눈앞에 펼쳐져 있으면 왠지 허전하다. 눈썹 높이 정도까지 앞을 가리는 동산이 있으면 공간은 든든해진다. 그렇게 집터 정면을 튼실하게 막아 주는 앞산이 안산(案山)이다. 명당이라면 이렇듯 동서남북 네 곳에 산이 자리 잡고 있어야 한다.

풍수쟁이들은 이 정도에서 만족하지 않는다. 이들은 더 먼 곳에서부터 명당 터를 가늠한다. 이른바 산맥을 살펴본다는 간룡법(看龍法)이다. 안산 너머로는 멀찍이 큰 산이 자리 잡고 있다. 이 산은 조산(朝山)이다. 뒷산인 주산 뒤로도 산들이 쭉 이어진다. 진짜 명당이라면 뒷산은 꼬리에 꼬리를 물고 백

[1] 동서남북의 방위를 상징하고 우주의 질서를 지키는 네 가지 짐승을 사신(四神)이라고 한다. 그중 청룡과 백호는 동쪽과 서쪽을 나타내는 신령한 동물이다. 남쪽은 주작, 북쪽은 현무가 맡는다. 주작은 봉황, 현무는 거북과 뱀이 합쳐진 모습이다. 사신에 대한 생각은 고대 중국부터 있었으며, 우리나라는 고구려 고분 벽화에 그 모습이 잘 표현되어 있다. 풍수지리에서는 모든 산과 들, 집과 건물이 사신을 상징하는 것으로 본다.

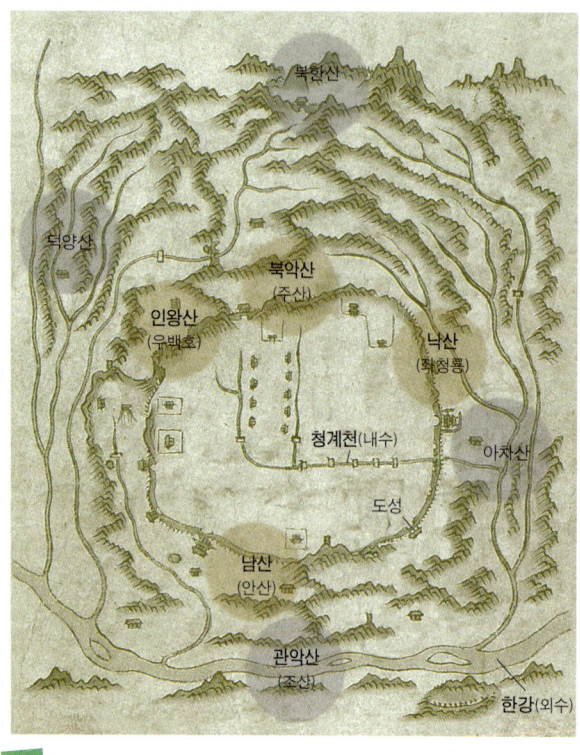

두산까지 이어질 테다. 우리나라에서는 모든 산의 뿌리를 백두산으로 보기 때문이다. 그래서 백두산을 종산(宗山)이라고 부른다.

명당을 정하는 데 왜 이렇게 산을 두루 살폈을까? 산맥이 부드럽게 이어져 온 곳은 교통이 좋다. 물은 높은 곳에서 낮은 곳으로 흐른다. 그러니 물길도 산맥을 따라 풀려 가기 마련이다. 명당에 이르는 산과 강을 따라 마을도 이어진다. 그러니 명당에는 당연히 물자도 풍성하게 흘러든다. 득수(得水), 즉 명당이 강을 끼고 있어야 하는 까닭도 이와 통한다.

조선을 세운 이성계(재위 1335~1408)는 풍수를 따지며 수도를 개성으로 할지, 한양으로 할지를 고민했다. 이는 행정 수도가 서울이어야 하는지, 충청도 연기군이어야 하는지를 놓고 벌어졌던 논쟁과 별다르지 않다. 중요한 일을 벌일 곳이라면 교통도 편리할 뿐더러, 너른 들을 갖춘 기후 좋은 곳이어야 하지 않겠는가. 풍수는 나라가 커 나가고 사람들이 살기 좋은 곳인지를 가늠하는 데 있어 좋은 잣대가 되어 왔다.

사대문 안에는 왜 홍수가 나지 않을까?

2 백두산에서 시작하여 동쪽 해안선을 끼고 남으로 뻗어 내리다가 태백산을 거쳐 지리산에 이르는 큰 줄기를 이루는 산맥이다.

1990년 2월, 청와대에 새 건물을 짓던 사람들은 수풀에서 묘한 비석을 발견했다. '천하제일복지(天下第一福祉)', 이곳이 세상에서 가장 좋은 명당자리임을 나타내는 표시였다. 지도를 곰곰이 살펴보면 청와대 터가 왜 천하제일의 명당인지 분명하게 다가온다. 백두 대간[2]으로 이어지는 북한산이 뒤를 받치고, 주산인 북악산이 차가운 바람을 막아 준다. 낙산과 인왕산이 좌청룡, 우백호 역할을 해 주고, 야트막한 남산은 편안함을 주는 안산 격이다. 어디 그뿐인가? 한강은 외적을 막아 주고 물자가 오기 쉽게 했을 터다. 이만한 득수가 또 어디 있겠는가. 멀리서는 관악산이 조산으로 든든하게 버티고 있다.

실제로 서울, 특히 사대문 안쪽 날씨는 우리나라에서 가장 온화하다. 서울이 심하게 춥거나 더운 날은 손에 꼽을 만큼 적다. 물난리도 그렇다. 아무리 큰물이 들어도 사대문 안이 잠기는 경우는 거의 없다.

청와대 자리의 역사

청와대는 서울 종로구 경복궁 뒤 북악산 기슭에 있는 우리나라 대통령의 관저이다. '청와대'란 명칭은 건물의 지붕을 청기와[靑瓦]를 덮은 데서 왔다. 청와대가 자리한 곳은 고려 시대에 남경으로서 별궁이 있던 자리이다. 지금의 청와대 터에는 조선 시대 경복궁의 연무장·과거장이 있었고, 왕의 친경지로도 사용되었다. 일제 강점기에는 총독관저가 들어섰으며, 청와대 본관은 이때 지은 것이다. 1945년 미국 군정이 시작되자 군정 장관의 관저로 사용되다가, 1948년 대한민국 정부가 수립되어 대통령 관저로 사용되면서 '경무대'라고 불렀다. 그후, 1960년 4·19혁명 후 민주당 정권이 들어서면서 '청와대'로 개칭했다. 1993년 일제 강점기의 조선 총독이 살았던 구관은 철거되었다.

청와대

풍수에서 청계천은 중요하다. 동쪽에서 서쪽으로 가는 한강과 반대로, 서쪽에서 동쪽으로 가로지르는 역수(逆水)인 까닭이다. 도시 한복판 샛강이 큰 강과 반대 방향으로 흐르려면 도시는 높은 곳에 있어야 한다. 강이 흐르니 가물 일도 없고, 지대가 높으니 물이 넘칠 일이 적다.

600여 년 전 한양으로 고려의 도읍을 옮기자고 줄기차게 주장하던 사람들이 있었다. 개성의 땅기운이 약해졌으니 새로운 터를 찾아야 된다는 논리였다. 황당해 보여도 따져 보면 이치에 맞는 소리다. 시대가 바뀌면 좋은 땅의 조건도 바뀌기 마련이다. 이처럼 풍수는 미신이라기보다 '생활의 지혜'에 가깝다.

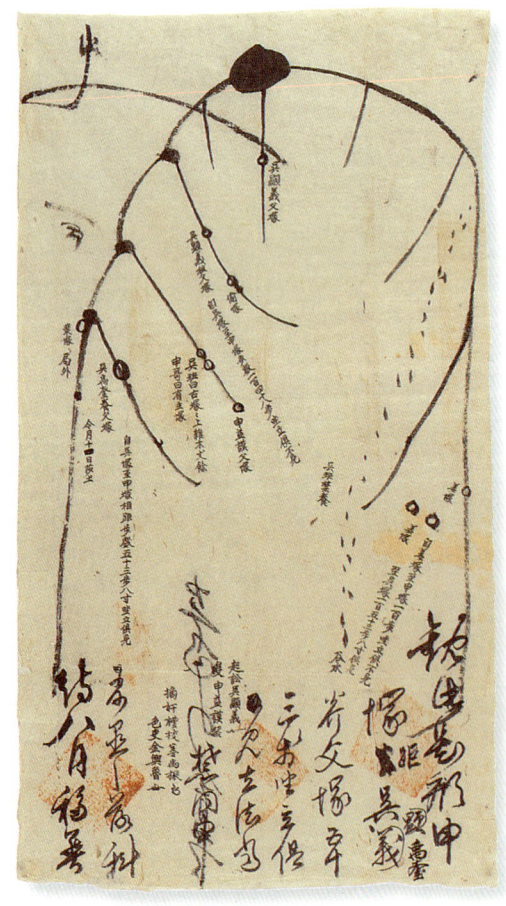

산송 문서
조선 후기에 묏자리를 둘러싼 다툼이 일어나면 관리들은 무덤이 있는 위치를 그려서 누가 옳은지를 따졌다.

군인들이 묘지를 좋아하는 이유

하지만 풍수지리는 조선 말기에 와서 음택(陰宅)을 고르는 기술로 망가져 버렸다. 음택이란 죽은 자의 집, 묘지를 말한다. 군인들은 묘지를 참 좋아한다. 훈련을 나가면 저마다 좋은 무덤을 찾느라 난리다. 왜 그런지는 묘지 봉분(封墳) 주위에 한두 시간쯤 누워 있어 보면 안다. 볕이 잘 들고 바람도 잔잔할 뿐더러 주변 산세도 아늑함을 주는, 한마디로 '명당'인 까닭이다.

조선 사람들은 유독 묏자리에 집착했다. 전국 각지를 누비며 명당을 찾았을 뿐더러, 심지어 남이 차지한 무덤을 빼앗기까지 했다. 산송(山訟)이라고 부르는 묏자리 재판이 수백 년 동안 끊이지 않았다. 왜 그들은 묘지 자리에 그토록 목매달았을까?

자식이라면 누구나 부모를 좋은 곳에 모시고 싶어 한다. 게다가 효도는 조선 사회가 가장 중요하게 여기던 가치이기도 하다. 그렇다 해도 조선 사람들의 노력에는 지나친 데가 있다. 조상님들이 과연 남의 무덤 빼앗아 자기 자리 만들어 주었다고 고마워하실까? 심지어 어떤 이들은 남의 무덤을 파서 자기 조상의 뼈를 섞기까지 했다. 이 지경에 이르면 묏자리 집착이 단지 효도하는 마음에서 비롯됐다고 보기는 어렵다.

사람들 마음속에는 '묘지 잘 써서 복 받자'는 생각이 가장 컸을 테다. 지금도 선거철만 되면 좋은 산들은 한바탕 난리를 치른다. '명당'을 차지하여 한자리 차지해 보겠다는 사람들 때문이다. 따져 볼수록 이상한 생각이다. 왜 죽은 조상이 자기에게 복을 줄 수 있다고 생각할까?

조선은 유교 사회였다. 유교에서는 효도와 자식에 대한 사랑을 무엇보다 중요하게 여긴다. 하지만 효와 자식 사랑은 삐뚤어지기도 쉽다. 하늘이 맺어 준 인연이라 서로 거리를 두기 어려운 까닭이다. 우리 부모들의 자식 사랑은 유별나기로 이름 높다. 부모에 대한 자식들의 기대 또한 덩달아 크다. 대학을 졸업해서도 부모가 집 사주고 유학까지 보내 주기를 바라는 자식들이 얼마나 많은가? 우리 사회에서 가족은 늘 '보험' 같은 역할을 한다. 아무리 어

좋은 묏자리에 집착하는 태도는 지금도 우리나라 사람들에게 남아 있다.

려워도 부모는 자식의 뒤를 돌보아야 하며, 자식은 부모를 죽은 뒤까지 챙겨야 한다.

묘지 자리에 매달리는 심정에는 '마마보이'와 '치맛바람'의 흔적이 엿보인다. 죽은 부모에게까지 도움을 받으려고, 자기가 죽은 후에도 자식의 복을 챙겨 주려고 명당을 고르는 모습은 별로 아름다워 보이지 않는다. 다 큰 어른이 용돈 달라며 부모를 보채는 것은 꼴불견이다. 수염 시커먼 아들을 아기처럼 보듬는 부모의 모습도 속 불편하기는 마찬가지다.

이 시대 최고의 풍수학자인 최창조(1950~)[3] 교수는 이렇게 말한다. "사람이 사람다운 사람이 되지 못하는 한, 어떻게도 명당을 얻지 못한다."

하긴 조상 무덤 덕까지 보려는 나약한 사람들이 무슨 큰일을 하겠는가. 풍수를 정말로 아는 사람들은 땅을 함부로 파헤치지 않는다. 땅의 소중함을 알기에 주변 자연을 최대한 존중하며 삶을 가꾸어 나간다. 산 곳곳을 갉아먹은 무덤, 산턱을 깎아지르며 들어서는 아파트를 보며 풍수지리의 묘미가 떠오르는 것은 왜일까?

[3] 풍수리지 전문가로 서울대학교 지리학과 교수를 지냈다. 『한국의 자생풍수』, 『한국의 풍수지리』 등의 책을 썼다.

도선과 풍수지리 사상

승려 도선(827~898)은 통일 신라 말기에 풍수지리를 정립했으며, 도선의 풍수지리 사상은 우리 민족의 가치관에 큰 영향을 끼쳤다. 우리나라 풍수지리학의 역사가 신라 말기까지 거슬러 올라가는 것은 도선이 살았던 시기가 그때였기 때문이다. 도선의 이론은 완벽한 명당을 찾기보다 사람이 땅의 부족한 기운을 채워 주면 된다는 것으로, 이를 비보풍수(裨補風水)라고 한다. 고려 시대에는 음택 풍수보다 도시나 주택처럼 살아 있는 사람들이 활동하기 좋은 곳을 찾는 양택(陽宅) 풍수가 발달했다. 음택이 일반화된 것은 조선 후기에 이르러서이다.

도선은 고려 태조 왕건(재위 918~943)의 출생을 예언한 것으로 유명하다. 태조가 민간 신앙을 보호·육성하고, 민간에 널리 알려 있던 도선의 저서 『도선비기』에 관심을 쏟았던 것으로 보아 도선의 영향을 많이 받았음을 짐작할 수 있다.

도선

02 바다와 육지 :
21세기, 바다가 육지가 된다면

중국은 지대물박(地大物博)의 나라였다. 땅이 넓고 물자도 풍부하다는 뜻이다. 반면 콜럼버스가 살던 15세기 유럽은 '지지리 궁상'이었다. 좁은 땅에 넘치는 인구, 페스트 같은 끔찍한 병이 돌던 곳이었다. 유럽 사람들은 먹고살기 위해 거친 바다로 눈을 돌렸다. 배부른 중국은 굳이 그럴 필요가 없었다. 그 차이는 유럽과 중국의 운명을 뒤바꿔 놓았다. 현대는 세계 거의 모든 나라가 바다로 눈길을 돌린 시대이다. 미래의 세상은 어떻게 바뀔까?

명나라 황제 영락제는 대규모 해군을 출정시켜 아시아에 명나라의 위상을 과시했다.

한강 유람선으로 큰 바다를 건너다?

뱃사람이 2만 7,000명에 이르는 커다란 함대였다. 60여 척의 초대형 함선에, 100척 남짓의 작은 배들까지, 함대의 모습은 장관이었다. 대장이 탄 배의 크기는 길이가 150미터, 폭은 60미터에 달했다. 중국을 출발한 어마어마한 함대는 일곱 차례에 걸쳐 18만 5,000킬로미터를 항해했다. 아프리카 남쪽 끝 희망봉 근처까지 말이다.

이쯤 되면, 최근 중국 해군이 대규모 출정을 벌였나 하고 궁금해 할지 모르겠다. 그러나 이 사건은 무려 600년 전에 일어났던 일이다. 1405년, 중국의 정화(1371~1435) 장군이 명나라 황제의 뜻을 받들어 항해에 나섰다. 정화 장군의 거대한 배들은 곳곳을 돌아다니며 명나라의 위대함을 널리 알렸다. 그로부터 몇십 년 후, 중국 함대는 바다에서 깨끗이 사라졌다. 더 이상 황제가 바다에 관심을 두지 않은 탓이다.

한편 지구 반대편에서는 괴짜 탐험가가 모험을 준비하고 있었다. 그는 인도까지 가는 가장 빠른 길을 찾아내겠다고 자신했다. 가까스로 마련한 돈으로 만든 세 척의 배, 배들은 모두 합쳐도 400톤을 밑돌았다. 한강 유람선(약 280톤)만한 배들로 망망대해를 건너겠다고 한 셈이다.

탐험가의 이름은 콜럼버스(1451~1506)이다. 갖은 고생 끝에 콜럼버스는 인도가 아닌 엉뚱한 땅에 다다른다. 지금은 '아메리카'라고 이름 붙여진 땅이다. 그 다음부터 유럽의 배들은 세계의 바다를 누비기 시작한다. 이른바 '대항해 시대'의 시작이었다.

> **정화**
>
> 중국 명나라 때의 수군 장군이자 외교관이다. 열 살 때 명나라 군대에 의해 사로잡혀 거세된 후 전령으로 명의 군대에 들어가 하급 군관으로 두각을 나타냈다. 1402년 영락제(재위 1402~1424)는 황제가 된 후, 남아시아와 동남아시아의 여러 해양국들을 복속시켜 해군력을 과시하려고 했다. 영락제는 정화를 총사령관으로 임명하여 원정을 가게 했다. 정화는 1405년에서 1433년까지 일곱 차례에 걸쳐 동남아시아·인도·페르시아 만·아라비아 반도·아프리카 등을 방문했다. 정화의 원정으로 명나라는 30여 국가의 조공을 받게 되었고, 중국인의 이민이 늘어나 동남아시아에 중국의 식민지를 만들 수 있게 되었다.

'지지리 궁상'과 '지대물박'의 경쟁

중국 황제는 왜 바다에 대한 관심을 지워 버렸을까? 이유는 간단하다. 더 필요한 것이 없었던 까닭이다. 드넓은 중국 대륙에는 없는 게 없었다. 지대물박(地大物博), 땅은 넓고 물자는 차고 넘친다. 그 시절 중국을 표현하기에 딱 좋은 말이다. 그러니 뭐하러 바다로 나가겠는가?

바다는 중국에게 골칫덩어리였을 따름이다. 왜구와 해적들은 끊임없이 분탕질을 해댔다. 그뿐만이 아니다. 눈 파랗고 머리 노란 치들은 희한한 물건을 들고 와 사람들의 지갑을 열게 했다. 별 쓸 데 없는 것들로 사람들을 사치하게 만들다니, 안될 일이었다.

황제는 마침내 바다를 '범죄 지역'으로 선언해 버린다. 허락 없이 먼 바다로 나가는 자, 도적의 무리로 처벌하겠다! 정화 장군의 항해도 해적들에게 중국의 커다란 주먹을 보여 주려는 의도 아니었을까?

반면 콜럼버스는 배가 고팠다. 당시 유럽 사람들의 눈과 입은 점점 고급이 되어 갔다. 귀족들은 중국의 비단을 탐냈다. 후추와 육두구 같은 양념의 가격도 터무니없이 비쌌다. 유럽 사람들은 고기를 주로 먹었다. 고기는 쉽게 상하고 노린내가 나기 마련이다. 후추 같은 양념은 고기 비린내를 없애며 입맛을 돋아 주었다. 문제는 후추가 '수입품'이었다는 점이다. 한강 유람선으로 인도까지 가서 후추를 실어 온다고 생각해 보라. 당시에 후추 한 통은 집 한 채 만큼이나 비쌌다. 충분히 이해할 만한 일이다.

세상에 공짜는 없다. 비단과 후추를 사 오려면

향신료와 대항해 시대

유럽 인들이 향신료를 본격적으로 사용하기 시작한 것은 로마가 이집트를 정복한 기원전 30년 무렵부터이다. 당시 유럽 인들이 귀중하게 생각했던 향신료는 인도산 후추와 계피였다. 인도에서 생산된 후추와 계피는 무역풍을 타고 인도양과 홍해를 건너 이집트에 도착했다.

중세에 들어서는 이슬람 국가가 항로를 막아 아라비아 상인들을 통하지 않고는 향신료를 구할 수 없었다. 이때 유럽 인들이 귀중하게 여겼던 향료는 정향과 육두구로, 두 가지 모두 말루쿠 제도의 특산물이었다. 이슬람 상인이나 당시 지중해 무역을 장악하고 있던 베네치아, 피렌체 상인들의 손을 거치면 향신료의 가격은 엄청나게 올랐다. 당시 후추는 은과 같은 가격으로 돈처럼 쓰이기도 했다.

서유럽 사람들은 좀 더 싼 값에 향신료를 사기 위해 항로 개척에 나섰고, 이를 계기로 유럽의 세계 식민지화가 시작된 것이다.

대항해 시대 유럽인의 항해 | 유럽인들은 후추 등의 산지로 동양에 관심을 갖기 시작하면서 이슬람 국가를 거치지 않고 동양으로 가는 항로를 개척했다. 신항로 개척에 앞장 선 나라는 포르투갈과 에스파냐였는데, 두 나라는 대서양 연안에 있어 지중해 무역의 혜택을 받지 못했고 이슬람의 침입에 맞서 싸운 경험이 있었기 때문에 동방 무역에 관심이 많았다.

금과 은이 필요했다. 유럽의 금과 은은 계속 중국과 인도로 흘러 나갔다. 금은이 부족한 유럽은 위기에 부딪혔다. 돈이 돌지 않는데 장사고 사업이고 될 리가 없었다.

콜럼버스의 항해는 '헝그리 정신'의 결과였다. 지지리 궁상인 생활에서 탈출하려는 유럽 인들의 절박함은 유람선만한 배로 세계를 돌아다니게 했다. 반면 배가 부른 중국인들은 편안함을 택했다.

중국과 친했던 조선도 바다를 등지기는 마찬가지였다. 조선 정부는 공도(空島) 정책을 폈다. 섬을 비워 버렸다는 뜻이다. 깡패가 들락거리는 곳에는 아예 안 가는 게 상책이다. 왜구가 섬에 와서 집적댄다면, 아예 사람들을 안전한 육지로 옮겨 버려라. 바다에 대한 명나라와 조선의 생각은 그랬다.

바다는 방어선일까, 길일까?

지지리 궁상이던 유럽과 지대물박이던 중국, 두 대륙 가운데 이긴 편은 어디일까? 당연히 유럽이다. 중국은 이후 유럽 나라들에게 곤욕을 치른다. 반면 네덜란드, 영국, 포르투갈, 스페인 같은 나라들은 세계를 쥐락펴락했다.

이는 육지 중심 문명에 대한 바다 중심 문명의 승리라고도 할 수 있다. 육지 중심 문명에게 바다는 바깥의 적들이 자신들을 괴롭히지 못하게 막아 주는 '방어선'이다. 반면 바다 중심 문명에게 해양은 '길'이다. 새로운 기회의 땅으로 자신들을 데려다 주는 고속 도로 말이다.

육지 중심 문명은 변화를 싫어한다. 농사를 지으니 생활은 그럭저럭 먹고살 만하다. 욕심만 조금 줄이면 모두가 편안히 살아갈 테다. 그래서 윗사람, 아랫사람의 도리를 따지고 자신을 낮추며 상대를 이해하라고 가르친다.

동양 사회를 지배하던 유교(儒教)만 해도 그렇다. '군군신신부부자자(君君臣臣父父子子)', 임금은 임금답고, 신하는 신하다우며, 어버이는 어버이답고, 자식은 자식다우라는 뜻이다. 세상은 이렇기만 하면 되었다. 지도자가 덕스럽고 관리들은 공정하며, 부모는 성실하게 일하고 자식은 알아서 공부 잘하는 세상, 생활이 이렇다면 도대체 근심할

육지 문명 중심의 중국은 결국 바다 중심 문명의 유럽의 힘에 무릎을 꿇고 말았다.

게 뭐란 말인가.

이런 상황에서 상업은 세상에 몹쓸 일처럼 여겨졌다. 장사로 돈을 벌려면 사람들에게 욕심을 불러일으켜야 한다. 돈 앞에서는 부모 자식도 없다 했던가? 쉽게 돈을 버는 법을 익힌 사람들은 농사도 소홀히 할 테다. 그러면 점점 곳간이 비게 되고, 사회도 위태롭게 된다. 따라서 상업을 못하게 막아야 한다. 그러려면 안정된 세상을 뒤흔드는 바깥 사람들의 출입도 못하게 해야 한다.

바다 중심 문명에서는 상업을 어떻게 생각했을까? 바다는 먹고살 길을 열어 주는 '뱃길'이었다. 바다 위에 눌러 앉아 살 수는 없다. 바다를 생활 터전으로 삼아 살아가려면 끊임없이 다른 사람들과 만나야 한다. 물건을 맞교환하지 않으면 손가락만 빨고 있어야 할 테다. 그러니 위험을 무릅쓰고라도 새로운 곳을 찾아 떠날 수밖에 없다. 큰 시장은 더 큰 먹을거리를 의미한다. 이들은 변화를 두려워하지 않는다.

물론 새로운 사람들과 만나는 일은 괴롭다. 살아온 방식이 다르니 사사건건 다툼이 벌어진다. 상대가 만만하면 우격다짐으로 문제를 해결할지도 모르겠다. 하지만 눈을 부릅뜨고 있는 이의 근육이 나랑 비슷하거나, 더 커 보인다면?

북한은 왜 남한에게 밀렸을까?

남한과 북한의 차이도 바다와 육지의 차이로도 설명할 수 있겠다. 남한은 사실상의 '섬나라'다. 휴전선으로 북쪽이 막혀 있기 때문이다. '해외 진출'과 '수출'은 살기 위해 걸었던 승부수였다. 한편 북한도 철저하게 '섬'으로 남았다. 옛 중국이 자신들을 가두었듯 북한도 '우리 식대로 살자'며 국경을 꽁꽁 가두었다.

남한 사회는 늘 불안하다. 끊임없이 변하고 있기 때문이다. 하지만 변화하는 가운데 우리는 끊임없이 발전해 왔다. 북한은? 무척이나 안정된 사회. 그러나 1970년대까지 잘 나가던 그들은 결국 지지리 궁상으로 주저앉았다. 문 닫아걸었다가 패가망신한 옛 중국과 꼭 닮은 꼴이다.

이때는 다른 방법을 찾아야 한다. 인간이라면 조목조목 생각할 줄 안다. 논리를 따져 상대와 내가 서로 이해하고 이익이 되는 지점을 찾아보자. 합리적으로 생각하여 최선의 방법을 찾아내야 손해 보는 싸움을 피할 수 있다. 그래서 바다 중심 문명에서는 '이성'을 강조한다. 콜럼버스의 시대, 서양의 철학이 하나같이 이성을 강조했던 데는 나름의 이유가 있다.

발전은 변화와 함께 온다. 바뀌지 않는다면 나아지지도 않는다. 바다 중심 문명은 끊임없이 실패했다. 그럼에도 계속 시도하여 엄청난 진보를 낳았다. 주저앉아 있던 육지 중심 문명은 어떤가? 고인 물은 썩어 버리듯, 변화 없는 사회에서 도덕은 어느덧 발전을 막는 방해물로 바뀌어 버린다. 윗사람을 공경하고 부부는 서로 존중하라는 공자님 말씀이, 나이 든 이들의 말은 무조건 따르고 남편 말이라면 죽는 시늉까지 하라는 막돼먹은 억지로 바뀌어 버리지 않았던가?

바다가 육지라면 – 바다 개척 시대?

언뜻 보면 해양 중심 문명은 육지 중심 문명에 승리를 거둔 듯 보인다. 21세기는 상인의 시대다. 세계화란 전 세계가 하나의 시장이 되었다는 뜻이기도 하다. 전 세계 화물의 90퍼센트가 움직이는 바다는 이제 지구촌의 교통로가 되었다.

그러나 해양 중심 문명도 이제 끝에 다다른 느낌이다. 바다는 이제 더 이상 '교통로'만은 아니다. 바다는 '영토'가 되어 가고 있다. 100여 년 전만 해도, 영해(領海)를 가리는 논란은 그다지 많지 않았다. 바다에서 할 수 있는 것이 없었기 때문이다. 고기 잡는 배들도 육지에서 멀찍이 떨어진 바다까지 나가지 못했다. 간간히 고래들만 물 위에 나타나는 바다에 눈길을 돌릴 이들은 없었다.

냉동 기술이 발전하고 배가 좋아지기 시작하자, 나라들은 먼 바다에도 눈길을 돌렸다. 그뿐만이 아니다. 지구의 70퍼센트는 바다다. 바다 속에는 엄청난 지하자원이 숨어 있다. 예전에는 기술이 없어 자원을 캐내지 못했다. 지금은 해외 유전 개발이 한창이다. 각국의 지도자들이 바다를 육지처럼 보는 까닭이다.

배타적 경제 수역(EEZ) 논란이 한참이다. 우리나라와 일본은 독도를 놓고, 중국과 일본은 조어도를 놓고 눈을 부라리고 있다. 바다를 낀 국가 치고 영토 분쟁이 없는 나라가 거의 없을 정도다.

상인들끼리의 싸움에서는 갈 데까지 가는 경우가 별로 없다. 상대가 없어지면 장사할 대상이 사라지기 때문이다. 그러면 서로 손해다. 어지간하면 서로 '타협'하고 손을 내민다. 그러나 영토 분쟁은 말로 해결되는 경우가 거의 없다. 결말은 전쟁으로 이어지곤 한다. 한 사람이 차지하면 다른 사람은 땅을 통째로 잃는 탓이다.

21세기 들어 새로운 땅따먹기가 시작되고 있다. 바다는 콜럼버스의 '대항해 시대'를 넘어 '대영해 시대'로 향해 가고 있다. 새로운 시대의 바다는 과연 어떤 모습일까? 기대 반, 두려움 반이다.

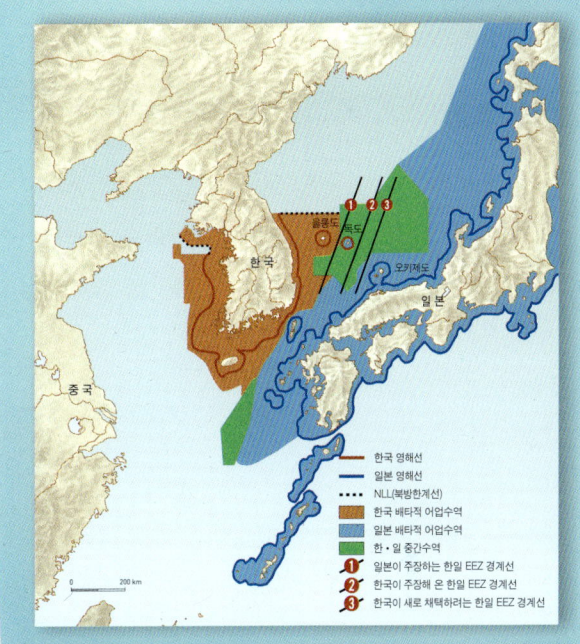

한국·일본의 배타적 경제 수역과 영해 분쟁 지역 | 배타적 경제 수역(EEZ)이란 연안으로부터 200해리까지의 수역으로, 이 수역 안의 모든 자원에 대해 독점적 권리를 행사할 수 있다. 한국과 일본은 각각 독도의 영유권을 주장하며 배타적 경제 수역 경계선을 놓고 분쟁 중이다. 독도는 1948년 광복과 함께 한국 영토로 귀속되었으나, 일본은 1952년부터 꾸준히 독도의 영유권을 주장하여 분쟁을 일으키고 있다.

03 음식과 식품 : 전 세계 식탁, 석유로 하나가 되다

우리는 역사상 가장 풍성한 식탁에 앉아서 식사를 한다. 그러나 우리의 기름진 식탁 뒷면에는 '공장식 농장'의 어두운 그림자가 드리워져 있다. 공산품이 전 세계 소비자들에게 똑같은 상품을 공급하듯, 공장식 농장은 어느 지역에나 똑같은 음식 재료를 내놓는다. 우리의 식탁을 통해 환경 문제와 문명 발전에 대해 고민해 보자.

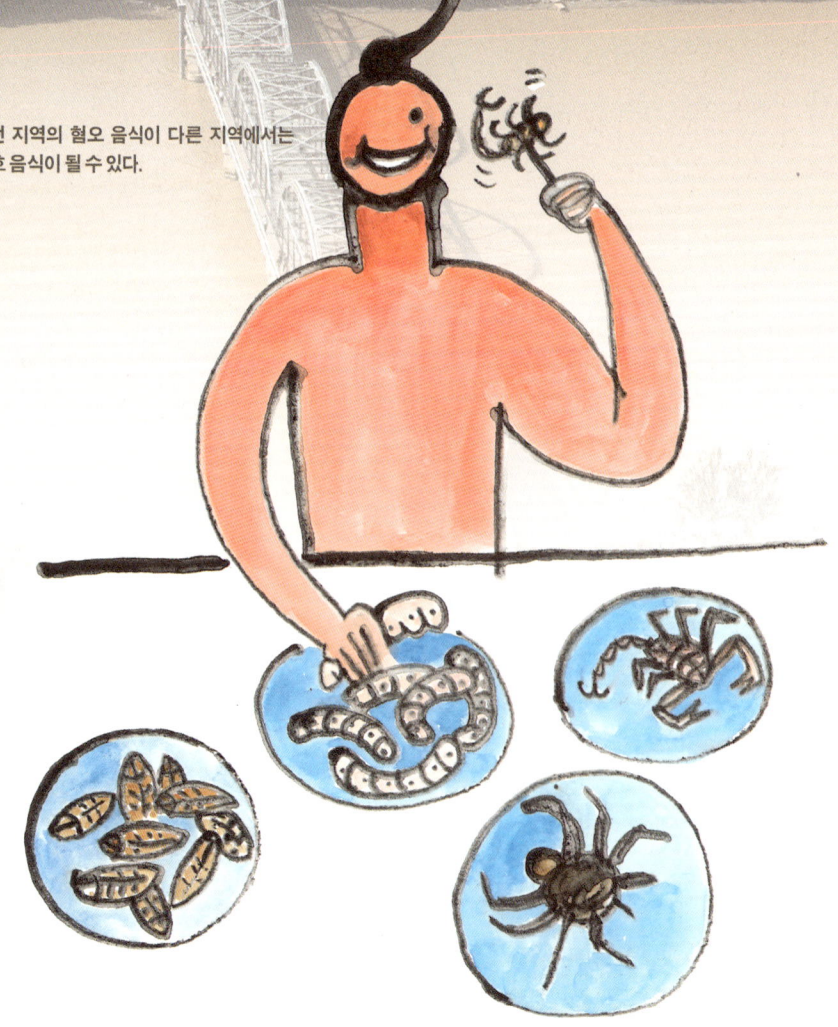

어떤 지역의 혐오 음식이 다른 지역에서는 선호 음식이 될 수 있다.

왜 번데기는 먹으면서 왕거미는 안 먹을까?

영덕 대게는 정말 맛있다. 둥근 몸통에 긴 다리, 대게의 생김새는 왕거미와 닮았다. 라오스 사람들은 왕거미를 먹는다. 왕거미를 맛본 사람들에 따르면 "왕거미는 껍질은 바삭하며, 속은 수플레처럼 부드럽다."고 한다. 대게가 비싸서 침만 삼키는 사람이 있다면, 대신 왕거미를 권해 보면 어떨까? 물론 상대가 어떻게 나올지는 책임 못 지겠다.

사람들은 먹을 수 있는 것을 모두 먹지 않는다. 곤충은 새우, 게, 바닷가재와 모양이 비슷하고 영양가도 그에 뺨치게 높다. 우리나라에서는 누에의 번데기나 메뚜기 정도는 먹어도 이상하게 여기지 않는다. 중국이라면 전갈이나 장구애비 등이 색다른 '길거리 음식'으로 여겨질지 모르겠다. 그러나 대부분의 문화에서는 곤충을 먹지 않는다.

벌레뿐이 아니다. 각 문화마다 안 먹는 음식들이 있다. 서양 사람들은 개고기라면 질색을 한다. 반면, 한국인들은 부은 거위 간(푸아그라)이나 달팽이를 보고 눈을 찌푸린다. 개고기는 한국에서 쇠고기보다 비싸며, 푸아그라와 달팽이는 유럽에서 고급 음식으로 통하는 데도 그렇다.

음식의 차이는 전쟁을 낳기도 한다. 이슬람 교도는 돼지고기를, 힌두 교도는 쇠고기를 먹지 않는다. 이 점은 인도와 파키스탄이 서로 갈라지는 데 단단히 한몫했다. 힌두 교도는 이슬람 교도에게 '암소 살해자'라며 이를 갈았다. 분통 터지게도, 영국인은 이슬람 교도보다 쇠고기를 더 잘 먹었다. 인도가 영국의 지배를 참지 못한 데에는 정복자들이 '신성한 소'를 잡아먹는다는 이유도 컸다.

중국의 전갈 요리
중국 포장마차에서 볼 수 있는 '길거리 음식'이다. 진갈은 영양 면에서 식용으로 큰 문제가 없지만 대부분 문화권에서 혐오하는 요리 재료이다.

이슬람 교가 중국에 들어간 지는 500년이 넘는다.[1] 그럼에도 이 종교는 불교처럼 널리 퍼지지 못했다. 여기서도 돼지고기는 적지 않은 역할을 했다. 돼지고기에 목매다는 중국인들이 이슬람 교를 반겼을 리 없다. 좋아하는 음식을 못 먹게 하는 것만큼 신경질 나는 일도 없다. 반면 이슬람 교를 믿는 지역은 돼지 키우기에 적당하지 않은 지역과 겹친다. 대부분은 너무 덥고 건조한 지방이다.

'똥개'는 있지만 '똥소'는 없는 이유

서아시아에서는 돼지고기를 거의 먹지 않는다. 유대 교에서도 돼지는 금지 음식이다. 심지어 돼지를 쳐다보는 일조차도 불쾌해 한다. 그들의 신은 아무 이유 없이 돼지를 못 먹게 했을까? 왜 문화마다 '안 먹는' 음식이 생겼을까?

인류학자 마빈 해리스(1927~2001)는 그 이유를 이렇게 설명한다. 서아시

인물과 사상　마빈 해리스와 문화인류학

미국의 문화인류학자로 브라질·모잠비크·에콰도르·인도 등 세계 각지를 현지 답사하면서 문화유물론의 체계를 세웠다. 컬럼비아대학교에서 박사 학위를 받고, 컬럼비아대학교 인류학과와 플로리다대학교에서 교수를 지냈다. 문화생태학 면에서 가족 제도와 재산, 정치·경제 제도, 종교와 음식 등의 진화 및 발전의 원인과 결과를 알 수 있다고 주장했다. 식민지주의의 영향과 저개발 국가의 여러 가지 문제, 인종과 민족의 관계 등을 연구했으며, 대표 저서에 『인류학 이론의 기원 : 문화 이론의 역사』(1968), 『문화의 수수께끼』(1974), 『식인과 제왕』(1977), 『문화유물론 : 문화 과학을 위한 투쟁』(1979), 『음식 문화의 수수께끼』(1985), 『포스트모던 시대의 문화이론』(1998) 등이 있다.

마빈 해리스

아 사막 지역에서 돼지는 원래 귀족들이나 먹던 음식이었다. 사막에서 돼지를 기르려면 품이 너무 많이 든다. 돼지는 열이 많다. 그래서 체온을 식힐 만큼 우리 바닥을 촉촉하게 적셔 놓아야 한다. 사람 마실 물도 없는 형편에 쉽지 않은 일이다.

더구나 돼지는 인간과 똑같은 것을 먹는다. 돼지를 살찌우려면 인간에게 돌아갈 먹을거리는 줄어든다. 귀족들이 돼지고기를 원할수록, 더 많은 사람들이 굶주려야 했다. 이런 상황에서 『쿠란』의 구절은 사람들에게 축복과도 같았다.

"알라께서 너희에게 먹지 못하게 하는 것은 다음 셋뿐이다. 썩은 고기, 피, 그리고 돼지고기."

무함마드(이슬람 교의 창시자)는 자비롭게 선언한다.

"알라는 명한다. '더러운' 돼지고기를 먹지 마라."

이번에는 쇠고기를 살펴보자. 힌두 교도는 왜 쇠고기를 안 먹을까? 소를 키우려면 너른 풀밭이 필요하다. 인구가 넘쳐 나는 인도에 소를 먹일 초원이 넉넉할 리 없다. 수억 인도인이 쇠고기에 맛 들였다면, 인도는 오래 전에 결단 났을 테다.

하지만 그들도 소에서 나오는 우유와 치즈만큼은 좋아한다. 소가 살아 돌아다니는 한, 꽤 많은 사람들이 '영양식'을 즐길 수 있다. 더구나 소는 농가에서 없어서는 안 되는 짐승이다. 땅을 갈아 주는 데다가, 소똥이라는 비료까지 덤으로 준다. 말린 소똥은 훌륭한 연료이기도 하다. 소똥을 태운 불길은 냄새도 없고 불꽃도 가지런하다. 도시가스만큼이나 요리하는 데는 제격이다.

어디 그뿐인가? 소는 사람과 식량을 다투지도 않는다. 소는 인간이 못 먹는 풀을 먹고 산다. 인도 대도시에

인도 거리의 소
소 한 마리가 도시 한가운데 앉아 길을 막고 있다.

어슬렁거리는 소들은 '쓰레기'를 우적우적 먹어 치운다. 쓰레기를 없애 주면서 우유와 연료까지 안겨 주니, 소만큼 고마운 동물이 어디 있겠는가. 종교가 아니더라도, 인도에서 소는 존경과 사랑을 받을 수밖에 없겠다.

마지막으로 우리의 개고기 문제도 건드려 보자. 우리 문화에서는 원래, '개와 돼지', '말과 소가 한편이다. '개돼지만도 못한 놈', '한낱 마소라 할지라도' 등의 표현은 괜히 나온 게 아니다. '똥'을 개, 돼지 앞에 붙여 보라. '똥개', '똥돼지'라는 말은 있어도 '똥소와 '똥말'은 없다.

실제로 도시의 개와 돼지는 똥을 먹고 살았다. 한양을 예로 들어 보자. 한양에는 집집마다 개를 길렀다. 그 많은 개들은 사람들이 버리는 음식만으로는 배를 채우지 못했다. 다행히(?) 하수도 시설은 늘 변변찮았다. 인분은 자연스레 개천으로 흘러들었다. 집에서 풀어 기르던 개들은 인분이나 쓰레기를 뒤지며 '알아서' 끼니를 해결했다. 그러다 복날이 되면 개는 온 가족의 보양식으로 환영받았다. 돼지도 마찬가지다. 최근까지도 제주도 화장실의 인분은

세계 각국이 좋아하는 음식과 먹지 않는 음식 | 종교적인 이유뿐만 아니라 경제적·정치적·문화적인 이유로 나라마다 또는 민족마다 좋아하는 음식과 먹지 않는 음식이 있다. 같은 지역, 같은 민족이더라도 시대에 따라 특정 음식을 금기하기도 선호하기도 했다.

돼지들이 해결해 주었다.

반면, 서양의 개는 어땠을까? 양을 치는 데 훈련된 개 한 마리는 목동보다 훨씬 낫다. 고기를 먹고 싶다고 개를 잡을 필요도 없었다. 양고기를 먹으면 됐으니 말이다. 목축을 하는 곳은 사람이 드물다. 이때, 개는 훌륭한 친구 노릇을 했다. 적적한 곳에서 도둑을 막아 주는 '보디가드'이기까지 했다.

그러나 좁은 농지에서 득시글대며 살아가던 우리 조상들에게 '친구'가 될 만한 사람들은 언제나 넘쳐났다. 싸리문만 넘으면 바로 옆집 안방인데, 도둑이 함부로 들어왔을 리도 없다. 당연히 개는 '친구'보다는 '먹을거리'로 더 가치가 컸다.

우리의 집과 옷은 이미 서양식으로 바뀌었다. 그럼에도 일상의 식탁만큼은 여전히 '조선식'이다. 합리적이지 않은 것은 절대 오래가지 못한다. 음식 문화가 자리 잡는 데에는 나름의 까닭과 이유가 있다. 어떤 음식을 먹고 안 먹고 하는 선택에는 오래된 지혜가 담겨 있다.

소, 돼지, 닭이 식탁을 차지한 까닭

이제 우리의 식탁도 점점 변하고 있다. 제사상에도 바나나, 키위, 햄 같은 외국 음식이 오르는 시대다. 밥과 국보다 햄버거와 스파게티를 더 좋아하는 사람들도 많다. 개나 염소는 우리에게도 '혐오 식품'으로 다가온다. 반면 쇠고기, 돼지고기, 닭고기는 매일 맛보는 음식이 되었다.

우리나라만 그런 것이 아니다. 전 세계 식탁이 비슷해지고 있다. 소와 돼지, 닭은 전 세계인의 입맛을 사로잡았다. 염소, 토끼, 양, 거위, 타조 등등 다른 가축을 먹는 일은 점점 드물어지고 있다. 단순히 '세계화'로 이를 설명하기는 어렵다. 말고기는 쇠고기보다 훨씬 부드럽다. 그런데도 왜 전 세계 식탁을 사로잡을 수 없었을까? 메추리는 알을 많이 낳는다. 그럼에도 왜 달걀만큼 널리 퍼지지 못할까?

　그 까닭은 '가격'에 있다. 1900년대 초반, 닭 한 마리 가격은 직장인의 일주일 평균 봉급과 비슷했다. 1960년대 초반에 닭 가격은 하루 일당 정도였다. 지금은? 아르바이트를 3~4시간만 해도 닭 한 마리 정도는 산다. 돼지고기와 쇠고기도 예전보다 훨씬 싸졌다.

　이 모든 것은 '공장식 농장(factory farm)' 덕택이다. 농장에서는 더 이상 닭, 돼지, 소를 기르지 않는다. 닭고기, 돼지고기, 쇠고기를 '생산'해 낼 뿐이다. '닭 공장'에서는 하루에 22시간 동안 불을 밝힌다. 쉬지 않고 모이를 먹게 하기 위해서다. 수만 마리의 닭들은 움직이지 못하게 닭장에 촘촘하게 갇혀 있다. 스트레스로 다른 닭을 공격하지 못하도록 부리도 일찌감치 자른다. 알에서 깬 후, 이렇게 47일을 보낸 닭은 '상품'으로 팔려 나간다. 예전처럼 닭이 마당에서 벌레를 먹고 큰다면, 지금처럼 우리가 매일 같이 닭고기를 맛보기

닭을 '생산'하는 '공장'
우리나라의 어느 양계장 모습이다. 시간에 맞춰 정해진 양을 생산해 내는 '공장'에 가깝다.

는 어려울 테다. 수천만 마리 닭을 감당할 너른 땅도 드물 뿐더러, 모이가 될 만한 벌레도 남아날 턱이 없기 때문이다.

소도 마찬가지다. 소는 더 이상 풀과 여물을 먹지 않는다. 빨리 살찌우기 위해 귀리와 옥수수를 먹인다. 비타민과 항생제, 성장촉진제도 충분할 만큼 놓아 준다. 소는 불과 4개월 만에 200킬로그램까지 체중이 는다. 제 몸무게도 버거워 다리가 부러질 정도다. 예전 같이 소가 풀밭을 노닐며 컸다면 불가능했을 일이다.

이제 전 세계인들은 값싼 닭고기와 쇠고기, 돼지고기를 즐기게 되었다. 그런데도 구하기 어렵고 값도 비싼 양, 염소, 말 등등을 굳이 먹을 이유가 어디 있겠는가? 토끼나 개, 왕거미 등등은 두말할 나위가 없다. 이는 모두 혐오 식품이 돼 버렸다. '팔기 좋은 것이 먹기도 좋은' 세상이다. 비쌀 뿐더러 생소하기까지 한 음식이 인기를 끌기란 쉽지 않다.

석유가 사라질 때, 식탁은 어떻게 바뀔까?

그러나 소와 닭, 돼지의 전성시대는 오래갈 것 같지 않다. 사람들은 가장 구하기 쉬운 음식 재료를 구하게 되어 있다. 김치는 절대 태국의 내표 음식이 될 수 없다. 배추가 태국에서 잘 자랄 리 없기 때문이다. 양털을 얻기 위해 목축을 많이 하는 나라에서는 양고기 요리가 일품이다. 이렇게 보면, 소와 닭, 돼지가 전 세계의 대표 음식 재료가 되었다는 점은 이상하다. 소와 닭, 돼지가 세계 어디서나 잘 자랄 리는 없다. 공장식 농장이 없었다면 이 가축들은 결코 '세계적인 음식 재료'가 되지 못했을 터다.

공장식 농장은 말 그대로 '공장'이다. 석유나 석탄으로 에너지를 얻어야 굴러간다는 뜻이다. 닭 가슴살 1칼로리를 얻으려면 화석 연료 6칼로리가 필요하다. 냉난방을 하고 오래 불을 밝히는 데는 모두 에너지가 들어간다. 소가 먹을 귀리, 밀, 옥수수도 석유를 쓰는 농기계를 돌려서 얻는다. 야채는 더 심각하다. 온실 작물은 전기를 에너지 삼아 작물에 적당한 환경을 만든다. 전기도 대부분 석유 같은 화석 연료에서 나온다. 따지고 보면 우리는 석유를 먹고 있는 셈이다.

소, 닭, 돼지와 사람이 똑같은 음식을 먹는다는 점도 큰 문제다. 원래 소는 풀을 뜯고, 닭은 마당의 벌레를 잡아먹으며, 돼지는 사람이 먹고 남은 음식 찌꺼기로 배를 채웠다. 지금은 소나 닭이나 돼지나 모두 사료로 콩과 옥수수를 주로 먹는다.

서양에서는 식사량이 줄어드는 데도 비만이 더 늘어난다. 여물로 자란 소와 옥수수 사료만 먹은 소에서 얻은 쇠고기가 같을 리 없다. '공장'에서 길러진 고기를 먹으면, 곡식으로 얻을 양분을 고기를 통해서도 똑같이 얻는 꼴이다. 그러니 비만과 영양 부족이 동시에 나타날 수밖에 없다.

동물이 남긴 쓰레기는 다른 동식물에게 먹이가 돼야 한다. 생태계는 그

대량 생산된 옥수수를 닭, 돼지, 소와 같은 가축이 사료로 먹고, 인간은 사료로 대량 생산된 가축의 고기를 먹는다.

렇게 돌아가야 정상이다. 예컨대 사람이 못 먹는 나물의 줄기는 소의 여물로 들어간다. 소의 배설물은 또다시 인간이 먹을 채소와 곡물의 비료가 된다. 지금의 공장식 농장에서 배설물은 '산업 폐기물'일 뿐이다. 게다가 모든 동물이 똑같이 옥수수와 콩을 먹는다. 소, 닭, 돼지로 먹을거리가 좁혀질수록 환경이 심하게 망가지는 까닭이다. 그만큼 화석 연료는 더더욱 많이 필요하다.

석유 같은 화석 연료는 점점 사라지고 있다. 이에 따라 석유 값도 빠르게 오른다. 식품 가격도 덩달아 솟구치고 있다. 언젠가 세계는 닭 한 마리를 얻기 위해 일주일을 꼬박 일해야 하는 시대로 되돌아갈지 모른다. 그때쯤 되면 세계의 식탁은 자신들에게 걸맞은 음식들로 다시 채워져야 할 테다.

그때가 되면 거미 요리에 기겁하게 된 미얀마 인, 말고기를 혐오하게 된 몽골 인, 사랑하는 개를 어떻게 잡아먹느냐며 '단고기(개고기)'에 눈을 부라리는 중국인은 어떻게 살아갈까? 점점 하나가 되어 가는 세계인의 입맛이 두려워지는 이유다.

037

04

지도는 타고난 거짓말쟁이? :
눈 뜨고도 넘어가는 지도의 속임수

옛날 옛적, 서양 사람들은 티오(TO) 지도로 세상을 읽었다. 'T'자로 세계를 셋으로 나누고, 한가운데 예루살렘이 있는 조잡한 지도다. 우리 사정도 별다르지 않았다. 조선 선비들이 보았던 천하도는 괴상하기 그지없다. 하지만 엉터리 지도를 갖고도 사람들은 별 탈 없이 잘만 살았다. 우리가 지금 보고 있는 지도는 정확할까? 그 어떤 지도도 세상의 모든 것을 진실 되게 그릴 수 없다. 지도에 담긴 세계관을 통해 세상을 보는 눈을 틔워 보자.

■ 단순한 구조의 티오(TO) 지도로 세상을 읽어도 아무 문제 없던 시절이 있었다.

티오(TO) 지도와 천하도 – 만화 같은 옛 지도들

아주 오래된 지도들은 꼭 컴퓨터 게임의 '맵' 같이 보인다. 현실에서는 도저히 있을 것 같지 않은 희한한 모양새를 하고 있다. 예를 들어 보자. 십자군 전쟁이 벌어질 무렵, 서양 사람들은 세계를 나타내는 티오(TO) 지도[1]를 즐겨 보았다.

티오(TO) 지도는 생긴 모양새 때문에 이런 이름이 붙었다. 세계의 한가운데에는 예루살렘이 있다. 그리고 강과 바다가 'T' 십자가 모양으로 'O'처럼 둥근 땅을 셋으로 가른다. 지금은 지도의 위쪽이 북쪽이지만, 옛 지도에서는 동쪽이 위에 왔다. 그래서 가장 커다란 땅인 아시아가 위에, 왼편에는 유럽이, 오른편에는 아프리카가 놓였다.

물론, 땅덩어리가 이렇게 생겼을 리 없다. 그런데도 당시 사람들은 이 지도를 갖고도 아무 문제없이 잘 살았단다. 사정은 우리나라에서도 별다르지 않았다. 1800년대까지도 조선의 지리책에는 상상의 세계 지도인 '천하도(天下圖)'가 제일 먼저 등장하곤 했다.

천하도도 거의 만화 수준이다. 중국은 둥근 바다 한복판에 떠 있고 오른쪽에 조선과 일본, 남쪽에 안남국(베트남)이 자리 잡았나. 태산, 황허 강 등, 조선의 선비들에게 익숙했을 법한 이름들이 간간히 보인다.

재미있는 사실은 이미 당시에도 우리나라에는 이보다 훨씬 정확한 지도들이 많았다는 점이다. 「혼일강리역대국도지도」만 해도 그렇다. 땅 모양새만 좀 어그러졌을 뿐, 요새 지도와 견주어도 될 만큼 놀라운 지도다. 그럼에도 왜 조선의 선비들은 상상에 가

1 중세 서유럽 사람들의 세계관을 나타낸다. 세상이 둥글고, 그 주위에 바다가 있다. 둥근 땅에 T형으로 바다가 있으며, 중앙에는 예루살렘이 있다.

천하도

천하도는 세계 지도를 일컫는 말이지만, 대개 조선 중기부터 만들어진 지도 중 상상의 세계관을 나타낸 원형의 세계 지도를 가리킨다. 단독으로 그려진 것은 드물고, 지도책의 첫 면이나 뒤표지 안쪽 면에 그려져 있다.
천하도는 보통 가운데에 중앙 대륙이 있고, 이를 감싸고 있는 내해(內海)와 내해를 감싸고 있는 대륙이 있으며 그 주위를 외해(外海)가 둘러싸고 있다. 나라 이름, 산천 이름이 지도 전체에 적혀 있는데, 대부분 실제로 없는 상상의 이름들이다

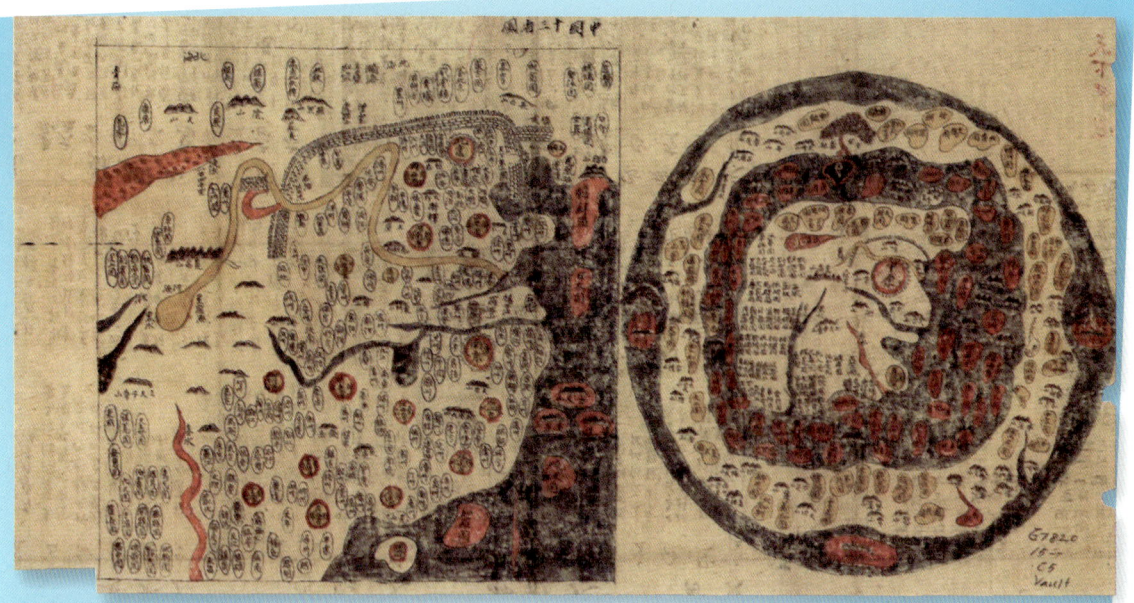

「천하중국」│ 1800년 무렵에 펜과 잉크와 물감으로 그린 상상의 세계 지도이다. 가운데에 중국이 있고 조선과 일본, 베트남이 자리 잡았다.

「혼일강리역대국도지도」│ 조선 초기(1402년)에 만들어진 세계 지도이다. 한반도와 중국 대륙은 실제보다 크게, 유럽·아프리카·아라비아·일본은 실제보다 작게 그려져 있지만 각각의 윤곽은 실제와 크게 다르지 않다.

까운 지도를 보며 만족해 했을까? 서양도 마찬가지다. 서기 100년 무렵에 만들어진 프톨레마이오스 지도는 티오(TO) 지도보다는 훨씬 현실에 가깝다. 그럼에도 왜 티오(TO) 지도가 널리 퍼졌을까?

그 이유는 옛날에는 지도가 별 필요 없었다는 데 있을 듯싶다. 옛 사람들은 자기 사는 곳을 떠날 기회가 아주 드물었다. 그런 만큼 정확한 지도가 필요하지 않았다. 오히려 자기들이 아는 대로 세상이 생겼음을 확인해 주는 지도가 더 마음에 와 닿았다. 서양의 중세는 기독교가 지배하던 시대다. 세상의 중심에는 예루살렘이 자리 잡고, 땅 모양도 십자가처럼 생겨야 『성경』과 지구가 어울릴 터다. 조선의 선비들은 대개 중국이 세상의 중심이라는

프톨레마이오스 세계 지도 | 프톨레마이오스는 8권으로 된 『지리학』을 썼다. 그중 1권에 위도와 경도를 이용하여 장소를 나타낸 세계 지도가 실려 있다. 사진은 15세기에 제작된 프톨레마이오스식 세계 지도 가운데 하나다.

중화(中華)사상을 따랐다. 이들은 중국이 가운데에 있을 뿐더러 자신들이 책에서 본 땅 이름이 많이 나오는 지도를 볼 때 마음 편했으리라. 사람들은 있는 그대로 보기보다는 믿고 싶은 대로 세상을 보고 싶게 마련이다. 상상의 나래를 펼쳐 세상을 만화 같이 그렸다 해도 문제될 것이 없었다.

"여기가 예루살렘이요?"
– 솔직하고 겸손해지는 지도들

그런데 만화 같은 세계 지도는 마침내 탈을 내고 말았다. 처음에 십자군은 티오(TO) 지도를 갖고 예루살렘으로 떠났다. 그 먼 길을 가는데 엉터리 지도라니! 장님이 길치의 손을 잡고 여행에 나선 꼴이었다. 십자군은 들어서는 마을마다 "여기가 예루살렘이요?"라고 묻곤 했다. 엉뚱한 곳에서 엉뚱한 사람들과 싸움하는 경우도 잦았다.

우리나라도 마찬가지였다. 조선은 임진왜란, 병자호란 등 큰 난리를 여러 번 겪었다. 그럴수록 사람들의 이동도 많아졌다. 골방에서 책 읽는 선비들이야 여전히 천하도로 만족했겠지만 보통 사람들은 달랐다. 나라를 다스리는 관리들이나 출장을 가는 사신도 훨씬 정확한 지도가 필요했으리라.

십자군이 전쟁에서 패한 다음부터 서양에서는 정교한 세계 지도가 나오기 시작했다. 유럽에서는 인도에서 나는 후추가 아주 비싼 값에 팔렸다. 하지만 인도로 가는 길목을 이슬람 사람들이 차지했기에 육지로는 후추를 실어 오지 못했다. 그래서 서양 사람들은 뱃길을 찾았다. 당연히 상상으로 만든 지도로는 배를 몰 수 없다. 세상을 더 정교하게 그린 지도가 필요해진 이유다.

조선에서도 뛰어난 지도들이 많이 나왔다. 임진왜란과 병자호란 같은 큰 전쟁이 끝나자 사람들의 이동이 잦아지고 장삿길도 많이 열렸다. 필요가

2 조선 후기의 실학파 지리학자이다. 지은 책으로는 『농포문답』, 『인자비감』 등이 있다.

3 조선 후기의 실학파 지리학자로, 호는 고산자(古山子)이다. 『청구도』, 『동여도』, 『대동여지도』와 같은 대축척 조선 전도를 만들었으며, 특히 『대동여지도』는 조선 시대의 가장 정확한 지도로 평가된다. 조선 전도 외에도 서울 지도인 『수선전도』 등을 남겼으며, 『동여도지』, 『여도비지』, 『대동지지』와 같은 지리지를 편찬했다. 19세기 조선의 국토 정보를 집대성하고 체계화한 지리학자이다.

있는 곳에 공급도 있는 법, 정상기(1678~1752)[2]의 「동국지도」나 김정호(?~1866)[3]의 『대동여지도』 같은 좋은 지도들이 많이 나오게 된다.

어림짐작으로는 땅 모양을 정확히 그리지 못한다. 지도는 엄격한 과학 원리에 따라 만들어졌다. 일단 동서남북부터 맞추고, 별자리를 보며 땅의 위치를 정확하게 가늠했다. 그러고 나서는 똑같은 비율로 땅을 줄여서 종이에 그렸다. 예를 들어 2만 5,000미터를 지도에는 1센티미터로 그리는 식으로 말이다. (땅을 줄여 표현하는 비율을 '축척'이라고 한다.)

우리 옛 지도도 비슷한 과학적 방법에 따라 만들어졌다. 정상기는 「동국지도」를 그릴 때 '백리 척'을 썼다고 한다. 100리를 1척으로 그리는 방법이다. 김정호는 별자리를 통해 각 마을의 위치를 나타내는 표를 만들기도 했다. 예를 들어 한양은 북위 37도 39분, 경위 0도 하는 식으로 말이다.

이제 지도는 비로소 솔직해졌다. 지도를 만드는 사람들은 더 이상 상상이나 과장된 내용을 담지 않았다. 오직 자기가 본 것과 과학적인 방법으로 재서 알아낸 것만 적었다. 새로운 땅이 발견되면 그 내용을 하나씩 덧붙여 나갔다. 우리가 교실 뒷면 등에서 흔하게 보는 세계 지도는 이런 오랜 노력으로 탄생한 지도다. 김정호가 그린 『대동여지도』 속의 한반도는 지금의 위성 사진과 크게 차이 나지 않는다. 그만큼 지도는 점점 정확해졌다.

「팔도지도」(함경북도 부분)와 백리 척
정상기가 만든 「동국지도」의 복사본이다. 100리를 1척으로 그려 기리를 합리적으로 나타냈다.

지도는 어떻게 우리를 속일까?
– 메르카토르 도법의 비밀

현대 지도는 매우 정확하다. 위성 정보 시스템(GPS) 기술까지 발달하여, 이제 지도는 세상을 더욱 꼼꼼하고 세심하게 보여 준다. 교실 뒤편이나 생활 곳곳에서 보이는 세계 지도를 훑어보자. 그리고 위성 사진을 제공하는 인터넷 사이트에 들어가 땅 모양을 견주어 보자. 지도가 얼마나 정교한지를 느낄 수 있을 터다.

메르카토르 도법으로 그린 여러가지 지도 | 현재 사용되는 지도 대부분은 메르카토르 도법을 따른 것이다. 이 도법을 쓰면 위도가 높은 러시아와 캐나다, 유럽은 실제보다 커 보인다. 또 가운데 오는 나라나 대륙이 세계의 중심처럼 보인다.

하지만 정확하다고 방심해서는 안 된다. 지도는 은근히 우리의 뒤통수를 치곤 하니까 말이다. 교실 벽에 흔히 걸려 있는 지도를 자세히 들여다보자. 특히 가로로 그어진 위도를 나타내는 선을 주의해서 보라. 뭔가 이상하지 않은가? 선 사이의 간격이 똑같지 않다. 위 아래로 갈수록 간격이 점점 넓어지더니, 지도 끝 쪽으로 가서는 크게 넓어진다. 지도의 비밀은 여기에 있다.

우리가 생활에서 보는 세계 지도는 대개 메르카토르 도법으로 그려진 것이다. 메르카토르 도법의 지도는 원래 항해용 지도다. 사실 지도는 어떻게 그리든 세계의 모습은 뒤틀어질 수밖에 없다. 지구는 동그랗다. 하지만 지도는 평평하다. 동그란 공 껍데기를 네모난 종이에 고스란히 옮겨 놓을 방법은 없다. 둥근 부분을 펴다 보면 껍데기의 모양은 늘어나고 틀어진다.

메르카토르 도법은 막막한 바다 위에서 위치를 쉽게 찾기 위해 만들어졌다. 그래서 땅 모양이 어긋나는 데는 크게 신경을 쓰지 않았다. 지도의 가로선(위선)과 세로선(경선)이 만나는 지점들을 보라. 항상 직각으로 만난다. 배를 모는 항해사들이 각도를 정확하게 잡기 위해서이다.

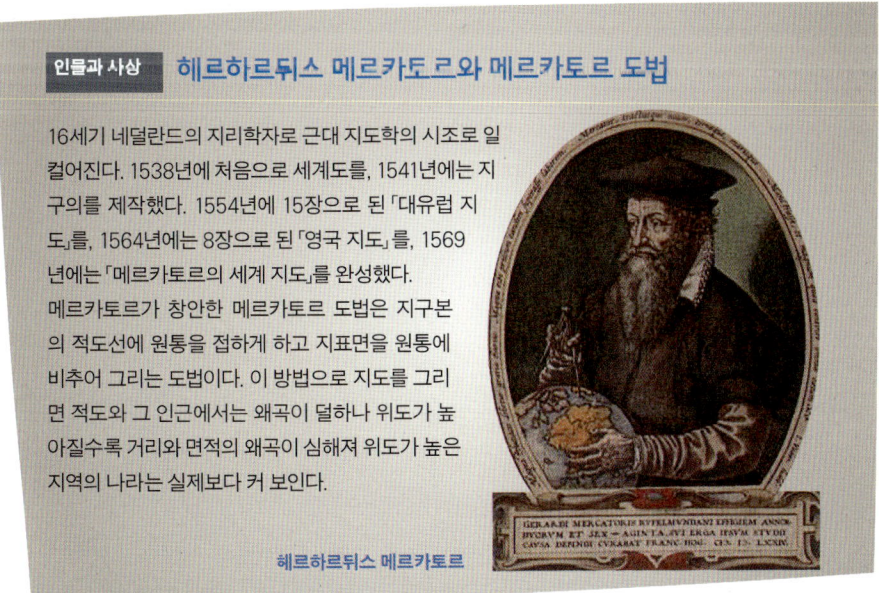

인물과 사상 헤르하르뒤스 메르카토르와 메르카토르 도법

16세기 네덜란드의 지리학자로 근대 지도학의 시조로 일컬어진다. 1538년에 처음으로 세계도를, 1541년에는 지구의를 제작했다. 1554년에 15장으로 된 「대유럽 지도」를, 1564년에는 8장으로 된 「영국 지도」를, 1569년에는 「메르카토르의 세계 지도」를 완성했다. 메르카토르가 창안한 메르카토르 도법은 지구본의 적도선에 원통을 접하게 하고 지표면을 원통에 비추어 그리는 도법이다. 이 방법으로 지도를 그리면 적도와 그 인근에서는 왜곡이 덜하나 위도가 높아질수록 거리와 면적의 왜곡이 심해져 위도가 높은 지역의 나라는 실제보다 커 보인다.

헤르하르뒤스 메르카토르

이번에는 지구의와 세계 지도를 같이 놓고 견주어 보자. 아프리카와 북아메리카 가운데 어디가 더 클까? 지구의는 지구와 같은 공 모양이다. 여기서는 아프리카가 북아메리카보다 크다. 하지만 메르카토르 세계 지도에서는 북아메리카가 더 크다. 항해사들을 위한 가로선과 세로선을 살리려다 보니, 모양과 크기는 놓치고 말았던 것이다.

이 점을 놓치고 지도를 보면 세계를 잘못 이해하기 쉽다. 러시아는 실제보다 더 커 보이고 유럽은 남아메리카 대륙만큼 크고 세세하게 그려져 있는 까닭이다. 어디 그뿐인가? 우리나라에서 나온 세계 지도에는 우리나라가 가운데에 있다. 유럽에서 나온 지도에는 대서양이 가운데 놓인다. 오스트레일리아에서 나온 지도는 어떨까? 지도가 거꾸로 선 모습이다. 그리고 오스트레일리아의 면적이 우리나라에서 보통 사용하는 지도의 오스트레일리아 면적보다 더 크다.

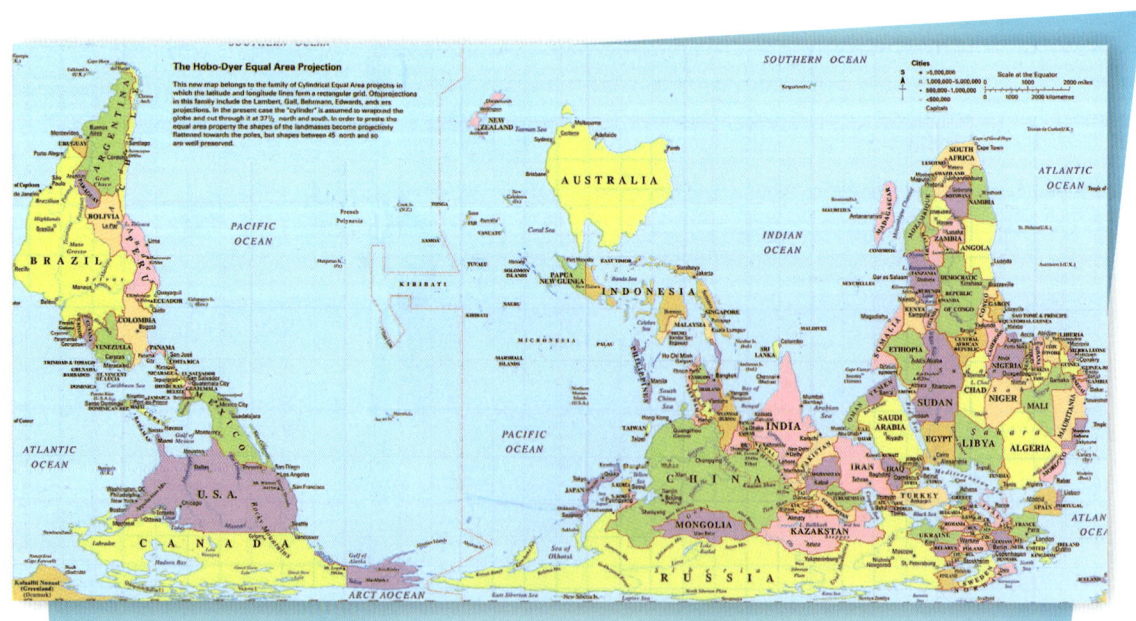

오스트레일리아에서 나온 세계지도 | 1979년 오스트레일리아의 스튜어트 맥아더는 「맥아더 개정 범세계 지도」를 제작했다. 이 지도는 남쪽을 지도의 위로 설정하여 오스트레일리아가 가운데에 오게 된다.

이런 현상이 왜 생기는 것일까? 지도를 만드는 사람들이 서로 자기에게 유리하도록 속이고 짜깁기해서 그럴까? 아니다. 지도는 애당초 세상의 모든 모습을 다 담지 못한다. 작은 종이 위에 세상을 그리려면 어차피 중요한 것들만 추려 내어야 한다. 그리고 둥근 지구를 평평한 종이 위에 펴서 옮기다 보면, 늘어나고 줄어드는 부분이 생긴다. 어느 부분은 늘리고 다른 쪽은 줄여야 한다면, 어디를 줄이겠는가? 당연히 자기 입장에서 볼 때 중요하지 않은 쪽을 줄이기 마련이다. 남아메리카나 아프리카가 작게 그려지는 이유다.

지하철은 왜 항상 45도로만 만날까?
– 지도로 '장난치는(?)' 방법

이처럼 지도는 세상을 있는 그대로 담지 않는다. 그리는 사람이 중요하다고 생각하는 부분을, 그것도 골라서 표현한다. 당연히 지도가 일러 주는 정보는 한쪽으로 쏠리기 마련이다. 지하철 노선도를 예로 들어 보자. 지하철 노선도에도 비밀이 있다. 넓은 지역에 복잡하게 퍼져 나간 지하철 노선을 종이 한 장에 옮기는 작업은 결코 쉽지 않다. 지금 같은 모양의 지하철 지도는 1947년 린던에서 처음 나왔다. 런던 지하철도 복잡하기가 이를 데 없다. 지도를 만든 사람은 전기 선로를 설계하는 사람이었다. 그래서인지 지하철 노선도는 꼭 전기 회로처럼 보인다.

지하철 지도에서 사람들이 가장 바라는 정보는 무엇일까? 당연히 내가 출발하는 역이 어디이고 어떻게 갈아타서 목적지까지 가는지이다. 지하철 지도는 그 점만큼은 확실하게 표현한다. 노선마다 색깔이 다르고 역이 촘촘하고 정확하게 적혀 있다. 하지만 이를 나타내기 위해 실제 거리는 과감하게 무시해 버린다. 지하철 노선도만 보면 인천에서 서울역까지의 거리가 연신내에서 서울 복판까지 거리보다 조금 더 멀어 보일 뿐이다. 게다가 지도를 보기 쉽도록, 노선은 되도록 직선으로 그린다. 노선이 서로 만날 때면 어김없이 45도로 마주친다. 실제 노선은 훨씬 꾸불꾸불하고, 만나는 각도도 많이 다른 데도 말이다.

그럼에도 지하철 노선도를 보면서 "왜 이리 멋대로 그렸어?"라며 불평하는 사람은 없다. 지하철 노선도에서는 내가 어디서 타고, 무슨 역에서 갈아타고, 어디서 내리는지만 확인하면 되기 때문이다.

문제는 지하철 노선도를 다른 목적으로 쓸 때 생긴다. 지방에 아파트를 짓는 사람이 서울에서 가까운 위치라며 지하철 노선도를 크게 그려서 실으

런던 지하철 노선도 | 1947년 런던 지하철 지도가 나온 뒤로, 대부분의 도시 지하철 노선도는 이와 비슷한 형태로 그린다. 거리와 위치의 왜곡이 심하나 지하철역에 대한 정보는 쉽게 알 수 있다.

부동산 광고에 실린 지도 | 아파트 등 부동산 광고는 팔려는 곳의 위치를 표시하는 지도를 그릴 때 전철역이나 고속 도로를 중심으로 그린다.

면 어떨까? 지하철 지도로는 가까워 보여도 실제 거리는 훨씬 멀 수 있다.

이렇게 지도로 '장난치는' 일은 아주 많다. 2차 세계 대전 때 독일 정치가들은 메르카토르 도법에 의해 더 크게 보이는 러시아를 붉게 표시하곤 했다. 가뜩이나 큰 러시아, 거기다 빨간색이 주는 강렬함은 막연한 공포를 더 키워 놓았다. (그 큰 면적의 땅에 사는 사람 수는 얼마 되지 않았음에도 말이다!) 미국에 대해서도 마찬가지다. 유럽에서는 보통 대서양이 한가운데 있는 세계 지도를 쓴다. 하지만 나치는 태평양이 가운데 있는 지도를 들이대곤 했다. 여기서 유럽과 미국은 서로 반대편에 있다. 두 곳이 얼마나 먼지, 왜 미국이 유럽 전쟁에 뛰어들 이유가 없는지를 나타내기 위해서다.

지도를 보는 눈 – 세상을 정확하게 읽는 법

모든 지도에는 나름의 목적이 있다. 일자 나사를 조이는 데 십자 드라이버를 써서는 안 된다. 억지로 조이려 하면 나사의 홈이 헐거워져서 이내 못 쓰게 되고 말 터다. 지도도 그렇다. 지도는 원래 목적에 맞는 정보만 정확하게 일러 준다. 교통 지도는 길을 제대로 가르쳐주지만, 마을의 크기를 나타내는 데는 젬병일 수 있다. 부동산 중개업소에 걸린 지적도(地籍圖)는 땅 크기는 속 시원히 일러 주지만, 장사가 얼마나 잘되는지까지는 알려주지 않는다. 이를 제대로 알려면 소득을 일러 주는 다른 지도를 보아야 한다.

백문(百聞)이 불여일견(不如一見)이라는 말이 있다. 백 번 듣는 것보다 한 번 보는 것이 낫다는 뜻이다. 지도는 한눈에 모든 것을 보여 준다. 그래서 분명하고 호소력 있게 다가온다. 하지만 우리는 명확해 보이는 것에 더 속기 쉽다. 설명에 으레 따라붙기 마련인 지도를 보며 끊임없이 의심해 보자. 과연 이 지도는 지금 설명에 걸맞을까? 혹시 어울리지 않는 지도를 보고 있는 것은 아닐까? 지도만 제대로 고를 줄 알아도 세상을 보는 눈은 훨씬 정교해진다.

목적에 맞는 정확한 지도를
고를 줄 아는 눈이 있다면
지도에 속는 위험을 피할수
있다.

아파트 :
한국인은 유목민이 되었는가?

아파트는 어느덧 '가장 한국적인 풍경'이 되었다. 도시를 뒤덮는 것도 모자라, 한갓진 논밭 한가운데에도 우뚝 서 있는 거대한 아파트는 전 세계에서 오직 대한민국에서만 볼 수 있는 풍경이다. 왜 아파트는 우리나라에서 이토록 인기 있을까? 사는 집을 보면 그 사람의 성격과 취향을 가늠해 볼 수 있다. 아파트를 통해 한국인의 마음을 헤아려 보자.

유목민들의 주거 문화는 그들의 생활에 맞게 발달하여 오랜 세월 이어져 왔다.

아파트의 나라가 된 한국, 도대체 무슨 일이?

　유럽 인이 아라비아의 유목민에게 아파트를 지어 주었다. 하지만 유목민은 집 안에 들어가려 하지 않았다. 방에는 양 떼를 재우고 사람들은 베란다에 그물 침대를 걸고 잤다. 100여 년 전 영국 런던에서는 아일랜드 사람들 때문에 골머리를 앓았다. 시골 생활을 못 버리고 방 안에서 돼지를 키우려 했던 탓이다. 유럽을 떠도는 집시들에게는 공짜로 집을 주어도 소용이 없다. 그들은 수천 년 동안 길거리가 집이었으니까……

　주거 문화는 한 사회의 생활을 오롯이 담고 있다. 사는 습관을 바꾸기란 쉽지 않다. 그래서 사람들이 사는 집의 모양새도 좀처럼 변하지 않는다. 이 점은 우리도 다르지 않다. 흙으로 벽을 쌓고 기와로 지붕을 얹은 집은 수천 년을 이어 온 우리의 살 곳이었다.

　하지만 지금 우리나라는 인구의 50퍼센트 넘는 사람들이 아파트에 사는 '아파트의 나라'다. 외국인들이 가장 인상 깊은 한국의 풍경으로 꼽는 것도 끝없이 늘어선 '아파트 숲'이다. 전 세계에서 이토록 많은 아파트가 있는

몽골 인들의 이동식 집
유목 생활을 하는 몽골 인들의 이동식 천막집 게르(ger)이다. 나무로 골조를 만들고 그 위를 천으로 덮어 만든다. 오른쪽 사진은 게르의 내부 모습이다.

곳은 우리나라뿐이다. 그것도 몇십 년 사이에 갑자기 온 나라가 아파트 천지가 되어 버렸다. 도대체 무슨 일이 있었던 것일까? 한국인의 생활 풍습이 갑자기 변한 까닭일까?

안마당이 집 안으로 들어오다 – 아파트의 한국화

땅이 좁고 사람이 많으면 살 곳이 적게 마련이다. 그러니 집도 높게 올라갈 수밖에 없다. 하지만 반드시 그렇지는 않다. 네덜란드는 우리보다 훨씬 땅이 좁아 촘촘히 모여 살지만 아파트는 드물다. 이웃 나라 일본만 해도, 아파트는 돈 없는 이들이 머무르는 초라한 공간일 뿐이다. 형편이 되는 이들은 단독 주택에 산다.

하지만 우리나라에서 아파트는 '좀 사는' 사람들의 집이다. 그것도 부자일수록 더 높은 아파트를 좋아한다. 식물도 높게 올라가면 잘 자라지 못한다. 30층 이상 아파트에서는 화분에 꽃이 잘 피지 않는 이유다. 그럼에도 우리는 높은 아파트에서 살기를 바란다.

한국의 아파트는 서양의 아파트먼트(apartment)와 다르다. 겉보기는 비슷해 보여도 우리의 아파트는 한옥을 그대로 빼박았다. 눈을 감고 아파트 생김새를 떠올려 보자. 현관에 들어서면 신발을 벗고 조금 높은 마루로 올라간다. 한옥도 그렇다. 일단 방으로 가려면 신을 벗고 마루에 발을 딛어야 한다.

서양의 아파트먼트는 히터로 방을 덥히지만, 우리의 아파트는 온돌로 난방을 한다. 뜨끈뜨끈한 구들장에 마음이 푸근해지던 우리 고유의 집

우리나라 최초의 아파트

우리나라 최초의 아파트는 1961년 10월에 착공한 서울 마포구 마포아파트이다. 마포아파트가 있던 자리에는 현재 재건축 아파트가 들어서 있다. 마포아파트는 6층에 엘리베이터가 없고 연탄보일러를 쓰는 개별 난방이었다. 1962년 12월에 준공되었으나 당시에는 아파트라는 주거 양식이 낯설었기 때문인지 입주 희망자가 없었다.

아파트 건설이 본격적으로 이뤄진 것은 1970년대 후반부터이다. 1969년 10월 착공한 한강맨션아파트는 주택공사가 처음으로 지은 중대형 아파트이다. 1970년대에는 강남 개발과 함께 건설업체들이 아파트를 짓기 시작했다. 강남 개발은 곧 아파트 개발을 의미하는 것이었다. 반포주공아파트가 지어진 것도 이 무렵이다.

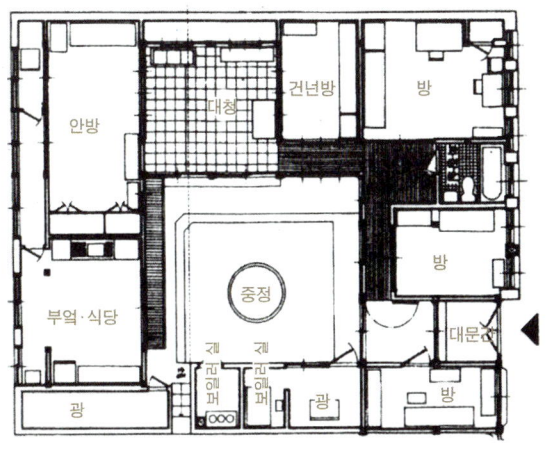

한옥과 우리나라의 아파트
한옥(왼쪽)은 가운데에 마당이 있고 방들이 네 모서리를 하나씩 차지하고 있는 구조다. 우리의 아파트(오른쪽)는 마당이 거실로 바뀌었을 뿐 한옥과 같은 구조이다. 서양의 아파트는 이런 구조가 아니다.

문화를 그대로 아파트로 들여온 셈이다. 방이 놓인 모양도 그렇다. 서양의 집은 복도를 따라 방이 놓여 있지만, 우리의 아파트는 거실을 중심으로 방문이 놓여 있다. 안마당을 바라보고 방문이 열리는 한옥과 똑같은 생김새다. 베란다와 복도로 나가 보라. 우리의 베란다는 장독과 잡동사니로 어지럽다. 이 또한 한옥과 다르지 않다. 장독대는 대개 뒷마당에 있다. 우리 양념은 냄새가 강하다. 더욱이 김치의 맛을 내려면 한데에 두어야 한다. 베란다는 한옥의 뒷마당 역할을 고스란히 떠안았다.

집만 그런가? 아파트 단지도 마을을 빼닮았다. 우리의 아파트 마을은 대부분 페리(1872~1944)의 '근린주구' 이론에 따라 만들어졌다. 근린주구란 학교, 상가, 가게, 놀이터 등 단지 안에 웬만한 시설은 다 갖추어 놓는 설계 방식을 말한다. 큰 찻길을 위험하게 건너지 않고도 자잘한 일들은 다 해결하

인물과 사상 클라렌스 페리와 근린주구 이론

페리는 근린주구(neighbourhood unit)라는 도시 설계 아이디어를 처음으로 내놓은 사람이다. 그는 초등학생이 1,000명에서 1,200명 정도 있는 마을(단지)을 이상적인 크기로 여겼다. 이 정도 되려면 전체 인구가 5,000명에서 6,000명 남짓이 되어야 한다. 마을(단지)들은 큰 도로 등으로 나뉜다. 페리는 "가족이 사는 데 필요한 일들은 마을(단지) 안에서 완벽하게 이루어질 수 있어야 한다."라고 말했다. 마을 안에 쇼핑센터, 학교 등, 생활에 꼭 필요한 시설이 모두 갖추어져 있어야 한다는 뜻이다.

도록 말이다.

전통적인 마을도 별로 다르지 않다. 마을 가운데 서면, 서당에서는 아이들 글 읽는 소리가, 우물가에서는 아낙네들의 수다가, 근처 논밭에서는 일하는 남정네들의 노랫가락이 들린다. 마을 어귀에는 노인네들이 평상을 펼쳐 놓고 바둑을 두고 있다. 이들은 동네를 오가는 바깥 사람들을 자연스레 감시하는 역할을 한다.

아파트 단지도 꼭 이 모양새로 되어 있다. 마을 어귀의 노인네의 역할은 '경비 아저씨'들이 맡고 있다. 단지 안에는 "싱싱한 채소 있어요!"라고 외치는 행상이 돌아다니고 심지어 장까지 열린다. 동네 상가에는 어김없이 서당 같은 학원이 자리 잡고 있고, 부녀회는 우물가의 아녀자 모임과 닮은 꼴이다.

이처럼 아파트는 우리 전통 한옥과 농촌 마을을 빼닮았다. 그러니 낯설고 거북스럽지 않다. 그러면서도 깨끗하고 편리하다. 아파트는 이제 시골에까지도 뻗어 나가는 중이다. 굳이 높이 건물을 올려 비좁게 살지 않아도 되는 곳에서도 아파트가 인기라는 뜻이다. 그만큼 아파트는 한국인의 생활 습관에 꼭 맞는 새로운 집 문화가 되었다.

사랑방은 어디로 갔을까? – 사라진 철수 아버지들

아파트가 한옥을 그대로 빼다 박았지만 모든 방을 다 아파트로 끌어오지는 않았다. 아파트에도 안방이 있다. 안방은 아녀자들의 공간이었다. 안방은 손님들에게 쉽사리 보여 주지 않는 곳이었다. 안방의 역할과 위치는 아파트에서도 똑같이 살아 있다. 그렇다면 아버지와 남정네들이 머물던 사랑방은 어디로 갔을까?

사랑방은 사회생활이 이루어지던 곳이다. 손님들은 사랑방으로 모셨고, 크고 작은 마을 일 결정도 이곳에서 내려졌다. 하지만 사랑방은 우리에게 낯

설기만 하다. 그 이유는 간단하다. 더 이상 사회생활이 집에서 이루어지지 않기 때문이다. 집에 손님을 초대하는 일은 아주 특별한 일이 되어 버렸다. 대부분 손님은 바깥에서 만난다. 집은 가족들만의 공간일 뿐이다.

예전에는 마을 사람들이 모두 같이 일을 했다. 그래서 이장님 댁 사랑방에 모여 이웃 간의 품앗이를 의논했고, 농기구를 서로 빌려 쓰는 일도 자연스러웠다. 하지만 아파트의 아버지들은 옆집 아버지와 같은 일을 하지 않는다. 일은 각자의 직장에서 하고, 퇴근 후에는 저마다의 친구들과 시간을 보낸다. 아이도 마찬가지다. 옛 마을의 골목에는 으레 골목대장이 있었고, 모든 아이들은 서로 친구였다. 그러나 지금은 학교와 학원에 따라 친구가 갈린다. 집을 중심으로 한 사회생활은 이제 사라져 버렸다. 그러니 더 이상 사랑방을 두어야 할 이유도 없다.

예전에는 이웃을 부를 때, '철수 아버지', '영희 할아버지'라고 불렀다. 지금은 이웃을 '405호 아저씨', '102호 할아버지'라 부른다. 물론 친근한 사이끼리는 여전히 '철수 아버지'가 통하지만, 이런 가까운 벗은 대개 이웃이 아니다.

한옥의 사랑채
사랑채는 집안의 남자 주인이 거처하며 손님을 맞이하는 곳으로, 안채와 떨어져 집의 바깥 쪽에 있다. 사진은 조선 후기 성리학자 윤증이 살던 옛집의 사랑채이다.

축! 재개발 확정 – 상품이 되어 버린 집

집을 중심으로 한 사회생활은 사라져 버렸다. 어찌 보면 이제 집은 합숙소에 불과하다. 생활은 직장에서 하고 공부는 학교나 학원에서 하며, 여가는 인터넷 동호회에서 즐긴다. 그러니 집은 잠만 자는 곳일 수밖에 없겠다.

유달리 재개발이 잦은 우리의 건축 문화는 여기서 비롯되는 바 크다. '축! 재개발 확정'이라고 동네 입구에 크게 써 붙이는 나라는 우리나라밖에 없다. 재개발은 슬픈 일이다. 자기 살던 마을이 통째로 사라져 버리는 일 아니던가? 그 속에 담긴 온갖 추억의 공간도 같이 스러져 버릴 터다. 그래서 유럽에서는 건물 하나를 허무는 데도 꽤나 까다로운 절차를 밟아야 한다. 도시 전체가 박물관 같이 되어 버려도 사람들은 별 불만이 없다. 내가 태어나 자란 '고향'이 사라지는 것을 누가 반기겠는가?

우리의 아파트 문화에는 이런 애틋함이 없다. 아파트의 법적 사용 가능 햇수는 55년이다. 하지만 50년을 넘기고도 아파트 재건축을 주저하는 마을은 전혀 없다. 20년만 되어도 아파트가 낡았다며 빨리 허물고 새 집을 짓자고 아우성이다.

그 이유는 무엇보다 재개발이 돈이 되는 데 있다. 층을 더 높게 올려서 집 수를 늘리면 평생 벌기 힘든 목돈을 쥘 수 있는데 누가 마

아파트 재개발의 상징, 서울 대치동 은마아파트
2010년 재건축이 확정되었다. 은마아파트는 강남 재개발과 아파트 값에 영향을 줄 수 있다는 점에서 재건축 허가 과정부터 많은 사람들의 관심을 끌었다.

A16 2010년 3월 4일 목요일 　　　 메트로

31년 된 은마아파트, 조건부 재건축 길 열려
〈서울 강남구 대치동〉

안전진단서 "전면 재시공" 판정– 내일 최종 결정
주변 단지들 여전 비슷… 재건축 시장 들먹일듯

조선 경 제

은마, 드디어…

안전진단서 '조건부 재건축' 허용

다하겠는가?

둘째는 아파트가 점점 살기 불편해지기 때문이다. 1960년대에 지어진 아파트는 1960년대에 맞는 삶의 방식을 담고 있다. 연탄아궁이에 불을 때 난방을 해야 할 뿐더러, 주차장은 아주 좁다. 1980년대와 1990년대의 아파트도 그렇다. 차 댈 곳은 적고 복도는 골목길 정취를 벗지 못했다. 삶의 변화가 총알만큼 빠른 한국 사회에서 아파트는 20년만 넘어도 생활 곳곳에서 거치적거린다.

더구나 우리의 아파트는 합숙소나 마찬가지다. 대도시에 사는 이들 대부분은 직장이나 학교 등의 이유로 옮겨와 살고 있을 뿐, 고향은 다른 곳이다. 그러니 아파트를 사고 이사 가는 일은 숙소를 옮기는 정도의 의미 밖에 없다. 자기가 묵는 호텔이 더 넓고 좋아진다는 데 반대할 사람은 없다.

불도저에 밀려 사라지는 자기 마을을 보고도 '축! 재개발 확정'이라며 환호하는 까닭은 결코 돈에 눈멀어서 만은 아니다. 애착이 없는 집, 살갑게 맺은 동네 이웃이 없는 집은 그냥 숙소이자 언제든 팔고 사는 상품일 뿐이다.

디지털 유목민, 한국인은 유목민이 되어 가고 있는가?

프랑스 지리학자 발레리 줄레조[1]는 서울을 '지리학에 저항하는 도시'라고 말한다. 지리학에 저항하는 도시란, 고장의 전통과 특징을 연구하기 어려울 만큼 빠르게 변하는 도시라는 뜻이다. 서울은 과거나 전통이 자리 잡을 틈 없이 하루가 멀다 하고 바뀐다. 서울만이 아니라 우리나라 대도시는 어디나 빠르게 바뀌고 변한다. 압구정도, 노량진도, 해운대도 온통 아파트의 숲이다. 들어선 아파트도 금세 새 아파트로 바뀐다.

집 문화는 한 사회의 생활 습관을 오롯이 담고 있다. 한국의 아파트는 콘크리트로 된 유목민의 천막과 다르지 않다. 아파트는 영원히 살 집이 아

[1] 고등사범학교 출신의 지리학자로 현재 프랑스 사회과학고등연구원 한국학 담당 교수이다. 2003년 프랑스 지리학회가 주는 가르니에 상을 받았다. 이 때 상을 받았던 논문은 한국의 아파트를 연구한 것이었다. 2004년에는 프랑스 국립학술연구원에서 연구 업적 우수로 동메달을 받았다.

059

니라 잠시 머무르는 공간이 되어 버렸다. 사실 한국인은 이제 유목민이라 해도 무리가 없다. 인터넷 강국답게 어지간한 인간관계는 온라인에서 이루어진다. 옆집 사람보다 인터넷 동호회 카페에서 만난 이들이 더 친근하다. 업무도 온라인에서 만나서 처리하는 사례가 많다. 수업조차도 '인강(인터넷 강의)'이 대세가 되어 가고 있다. 그러니 사는 곳에 매달릴 이유가 없다. 인터넷에서 사람들은 한 곳에 머물러 있지 않다. 이곳저곳을 떠돌아다니며 정보를 주고받는다. 이 점에서 '디지털 유목민'이라는 어느 전자업계의 광고 카피는 정곡을 찌른다. 한국인은 이제 유목민의 특성을 가졌다. 조금이라도 더 편하고 좋은 집이 생긴다면, 지금의 집은 텐트처럼 얼마든지 접어 버릴 수 있다. 생활이 있는 곳은 집이 아니라 사회와 인터넷 속이기 때문이다.

유목민의 생각은 한 곳에 뿌리내리고 사는 이들보다 유연하다. 언제든 옮길 수 있기에 텃세를 부리고 고집을 부릴 필요가 없다. 우리나라는 아시아에서 외국인 이민자들을 잘 대해 주는 나라로 손꼽힌다고 한다. 유목민에게 나타나는 융통성이라 할 만하다. 외지인에게 텃세하는 향촌 문화에서는 어림없는 일이다.

현대 한국인들은 아파트에서 생활하는 디지털 유목민이라 할 만하다.

줄레조는 온통 아파트뿐인 우리나라 도시를 가리켜, '하루살이 도시'라고 한숨짓는다. 우리의 아파트 숲은 50년 뒤면 흔적도 없이 사라져 버리고 새로운 집들로 바뀌어 있을 터다. 하지만 그것이 뭐 대수겠는가? 우리는 이미 고향에 목매달던 농사짓는 민족이 아니다. 텐트 치는 곳이 바뀌었다 해서 슬퍼할 이유는 없다. 나날이 헐리고 새로 지어지는 아파트의 숲은 디지털 유목민으로 거듭나는 한국인의 모습을 담담하게 보여준다.

지식의 사슬

2부 |
비즈니스 지리학 :
쇼핑과 관광, 그리고 스포츠

지리학은 상업의 발전과 함께 널리 세상에 퍼졌다. 새로운 시장을 열려면 그곳 사람들이 무엇을 필요로 하는지, 특산물이 무엇인지를 잘 알아야 한다. 지리학은 지금도 이런 물음에 답을 주는 학문이다. 나아가, 돈이 흐르는 장소들의 의미도 철학적으로 깊이 생각해 보자. 지리와 철학으로 비즈니스 안목을 틔우는 데는 떠오르는 관광과 스포츠 산업이 좋은 생각거리가 되어 줄 테다.

01 시간과 산업 : 시계는 어떻게 달력을 이겼을까?

옛 사람들은 시계를 그다지 쓰지 않았다. 시간을 정확하게 잴 방법도 없었을 뿐더러 그럴 필요도 없었기 때문이다. 반면, 달력은 아주 요긴하게 쓰였다. 무엇보다 달력은 농부들이 언제 씨를 뿌리고 물길을 내야 하는지를 가늠하는 데 사용됐다. 그렇다면 시계는 언제부터 달력만큼 중요해졌을까? 공장에서는 시계가 달력보다 중요하다. 달력과 시계를 통해 농업 사회와 공업 문명의 차이를 알아보자.

시계는 산업화와 함께 인간의 일상을 지배하기 시작했다.

옛 사람들은 왜 시계에 관심이 없었을까?

20세기 초만 해도 시계는 아주 귀한 물건이었다. 시계 하나가 기와집 한 채 절반 값이었단다. 대부분 사람들은 시계 보는 방법도 몰랐다. 심지어, "큰 바늘이 6을 가리키고 작은 바늘이 9를 가리키면, 이는 몇 시 몇 분인가?"라는 물음이 입학시험에 줄곧 나오기도 했다.

사실 시계는 조선 시대에 이미 이 땅에 들어왔다. 그러나 우리 조상들에게 시계는 호기심을 끄는 장난감에 지나지 않았다. '때 되면 스스로 울리는 종', 즉 자명종(自鳴鐘)이었을 뿐이다. 대부분 사람들은 시계에 별 관심이 없었다. 왜냐고? 별 필요가 없었던 까닭이다. 대부분은 '동창(東窓)이 밝아올 때' 깨어나 농사짓고 해 떨어지면 일 그치는 식으로 살았다. 날 밝을 때 일하면

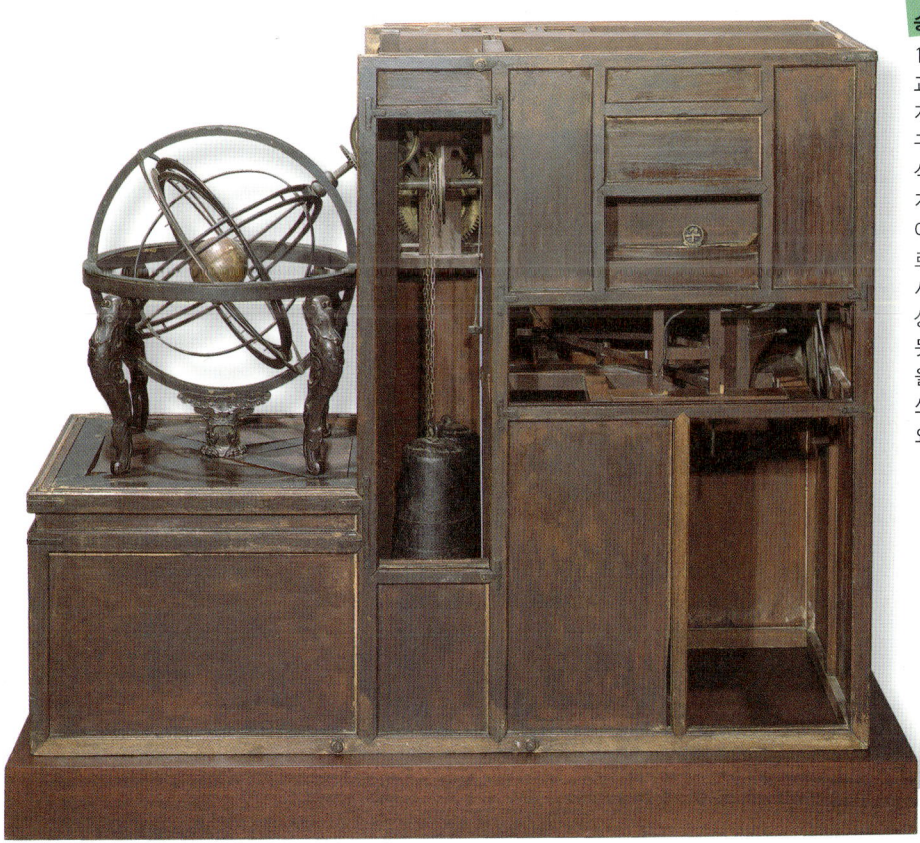

송이영의 혼천 시계
1669년(현종 10)에 관상감 교수였던 송이영이 만든 시계이다. 전통 천문 관측 기구인 혼천의를 서양의 기계식 시계장치로 움직인 시계로, 타종 장치를 부착하여 해당 시각이 되면 저절로 소리를 내도록 했다. 이 시계 이후 조선에서는 더 이상 기계식 시계가 발달하지 못했는데, 유럽처럼 시간을 잘게 쪼개어 집중적으로 쓰는 노동이 조선에서는 필요하지 않았기 때문이다.

되지, 농사일을 꼭 7시에 시작해서 5시에 끝내야 할 이유가 뭐 있었겠는가.

사람들에게 정말 중요했던 것은 달력이었다. 달력이란 말 뜻 그대로 하자면 '달의 기록'이다. 달이 한 번 찼다 기우는 데는 29일에서 30일 남짓 걸린다. 달은 제멋대로 모양을 바꾸지 않는다. 항상 똑같은 간격으로 모양이 바뀌기에, 시간을 재는 데는 달만한 것이 없었다.

일 년은 왜 열두 달이 되었을까? 식물이 자라고 시드는 리듬이 열두 달 간격으로 이루어지기 때문이다. 농사짓고 가축을 기르려면 자연의 흐름을 잘 따라야 한다. 추워지는 10월에 볍씨를 뿌렸다가는 낭패를 볼 테다. 일 년이 열두 달로, 한 달이 30일으로 굳어진 데는 자연의 흐름을 따라가려는 마음이 담겨 있다.

단오는 모내기 마감일?

조상들은 시각에는 별 관심이 없었지만 달에는 무척 민감했다. 약속 시간에 한두 시간 일찍 오거나 늦는 것은 별 문제가 안됐다. 그러나 달력에 적힌 절기(節氣)를 놓쳤다가는 큰 낭패를 볼 터였다. 우리나라의 절기는 달의 움직임, 음력에 따라 엄격하게 정해져 있다. 1월 1일은 설날, 3월 3일은 삼짇날, 5월 5일은 단오, 7월 7일은 칠석, 8월 15일은 추석인 식이다.

절기는 그냥 정해지지 않았다. 5월 5일 단오(端午)를 예로 들어 보자. 음력 5월이면 초여름이다. 무더운 여름이 오기 전, 이때쯤이면 모내기가 끝나 있어야 한다. 단오는 '모내기 마감일'이었던 셈이다. 일을 마치면 숨 돌릴 틈도 있어야 하는 법, 고된 논일을 정리한 농부들은 씨름 대회를 열고 술도 한 순배 돌렸다. 여인네들은 때마침 물 오른 창포를 삶아 그 물에 머리를 감으며 하루를 즐겼다.

음력 7월 7일, 칠석(七夕)은 또 어떤가. 이날은 단지 견우와 직녀가 사랑

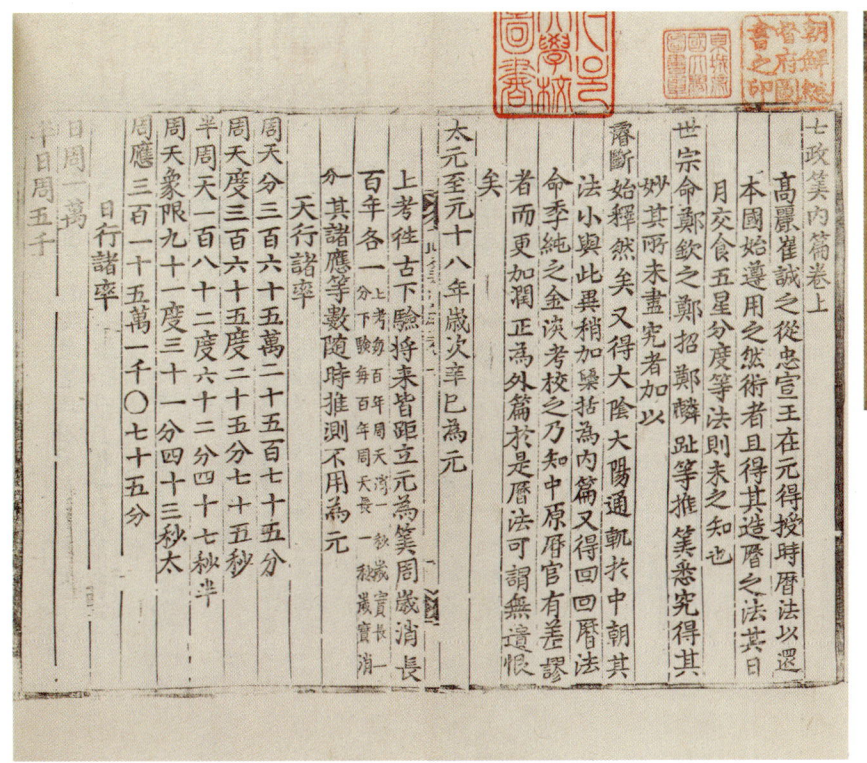

『칠정산 내편』
원나라의 수시력(중국 역법 중 가장 정밀한 역법)에 대한 해설서로, 1444년에 간행되었다. 이순지, 김담 등이 세종의 명으로 편찬하였다. 칠정(七政)이란 일(日), 월(月)과 오성(伍星, 목성·화성·토성·금성·수성)을 가리키는 것으로, 이들 천체의 운행에 관한 자료가 다루어져 있다.

을 나누는 날이 아니다. 음력 7월은 겨우내 자란 밀과 보리를 수확하는 철이다. 새로 난 곡식으로 칠석제(七夕祭)를 지내며 소원을 빌었다. 밀을 거두는 철이니 밀개떡이니 밀전병을 부쳐 먹는 풍습이 당연해 보인다.

음력 7월 15일인 백중(伯仲)은 '머슴 생일'로도 불렸다. 더위가 한풀 꺾이는 시기, 한여름 내내 이어진 김매기가 얼추 이날쯤 끝을 맺는다. 땅 주인들은 머슴들에게 돈을 주고 하루를 쉬게 했다. 뒤집어 보면, 백중 전까지 일꾼들은 죽을 둥 살 둥 잡초를 뽑아야 한다는 뜻이 되겠다.

이처럼 절기는 '농사 진도표'의 구실을 했다. 명절이란 꼭 일을 마쳐야 할 시기와 긴장을 풀어 주는 축제날을 의미했다. 달력은 농사일의 리듬을 잡아 주었다. 옛 조상들이 '백중 전 사흘', '단오 뒤 아흐레' 하는 식으로 약속을 잡고 계획을 세웠던 이유다.

철 없는 과일들, 달력을 이기는 시계의 힘

그러나 시계는 점차 달력을 이기기 시작했다. 시계는 공업 발전과 함께 중요해졌다. 농사일은 욕심대로 되지 않는다. 아무리 기후가 좋고 열심히 땅을 가꾸었다 해도, 수확하는 작물의 양은 어느 정도를 넘을 수 없다. 곡식과 열매는 대부분 일 년에 한 번만 거둘 수 있기 때문이다. 설사 몇 배의 결실을 얻었다 해도, 난감하기만 할 터였다. 모아 두거나 내다 파는 데도 한계가 있었으니, 넘쳐 나는 농산물은 대부분 썩어 쓰레기가 되어 버렸다.

하지만 공업은 다르다. 공장은 노력하는 만큼 더 큰 이익을 가져다준다. 공장을 돌리는 데 계절은 큰 문제가 되지 않는다. 여름이건 겨울이건 공장은 언제나 돌아간다. 기계는 식물처럼 자라고 쉴 틈을 줄 필요가 없다. 시간은 정말 돈이 되었다. 공장을 한 시간 더 돌리고 덜 돌리는 데 따라 생산량의 차

유럽 도시의 시계탑

최초의 시계는 수도사들의 기도 시간을 지키기 위해 만들어졌다. 하지만 산업이 발달하자, 시계는 작업 시간을 알려 주는 도구로 자리 잡았다. 유럽의 도시 중심에 자리 잡은 오래된 시계탑들은 대부분 산업이 꽃피던 시기에 세워졌다.

이는 엄청나니까 말이다.

사람들은 점점 더 시간에 민감해졌다. 도시 곳곳에는 높다랗게 시계가 걸린 탑이 등장했다. 나아가 공장을 돌리는 데는 많은 자원이 필요했다. 여기에서도 계절보다는 시간이 훨씬 더 중요했다. 석탄이 부족한데 봄이나 가을을 기다릴 필요는 없다. 필요하면 시간을 들여 자원을 캐면 된다. 자원을 얼마나 적절한 시점에 공장까지 가져오는지가 문제될 뿐이었다.

공업의 덩치는 나날이 커져 갔다. 필요한 원료 가운데는 고무나 사탕수수 등 농업과 임업을 통해 얻는 것들이 많다. 더욱더 많은 재료가 필요했던 공업은 이제 달력의 리듬을 깨기 시작한다. 자연에게서 먹고 살 만큼만 수확을 하던 때는 지나갔다. 이제는 자연을 닦달하여 받을 수 있는 것을 모두 빼앗아 내는 시대가 되었다.

공장은 농촌이 원료를 대어 주기를 원한다. 지금 대부분의 농촌들은 자신들이 먹기 위해 농사를 짓지 않는다. 돈이 될 작물을 기를 뿐이다. 지금의 농촌은 공장과 똑같은 논리로 돌아간다. 이른바 공장식 농장의 등장이다(34쪽 참조).

공장의 생산 규모가 늘어날수록 이익도 커진다. 공장은 농장도 그렇게 되기를 원했다. 남아메리카에서는 커피를 얻기 위해 밀림 전체를 태우고 커피나무만 심는 일이 흔하다. 석유 대신 쓰일 에탄올을 얻기 위해, 밭을 뒤엎어 온통 사탕수수만 기른다. 계절은 어쩌지 못하니, 농작물을 얻을 땅을 크게 늘려 버리는 식이다.

이제는 필요하면 계절도 무시해 버린다. 지금의 과일에는 제철이 없다. 대부분 비닐하우스에서 길러지는 까닭이다. 석유를 때고 전기를 써서 공장을 돌리듯, 농산물도 석유와 전기로 난방을 해서 '만들어 낸다'.

그럴수록 시간은 달력보다 훨씬 중요해진다. 적당한 '시간'에 맞추어 공장과 시장에 작물을 대 주어야 하는 까닭이다. 예전 농부들은 절기를 살펴

069

서 자연 변화의 눈치를 보며 살아갔다. 지금의 농부들은 공장의 생산 리듬에 더 신경 쓴다. 필요하면 경작지를 늘리고 비닐하우스 등을 만든다. 한마디로 자연에게 으름장을 놓으며 농사짓는 셈이다. 그러면 자연은 인간의 횡포에 과연 어깃장을 놓지 않을까? 자연이 화를 내면 어떤 일이 벌어질까?

시간이 돈? 하늘이 무섭지 않으냐!

옛 조상들은 걱정 담긴 눈으로 밤하늘을 살폈다. 동양이나 서양이나, 별의 움직임으로 운명을 가늠하는 점성술은 큰 관심을 끌었다. 미신인 듯 보여도, 별에 대한 관심은 아주 자연스러운 일이다. 우주에 심상찮은 기운이 돌면, 기온이나 바람도 바뀌지 않겠는가.

먹고살기 위해 인간은 자연의 변화를 끊임없이 살펴야 했다. 순리(順理)에 따르는 자세는 자연의 리듬과 동떨어져 있지 않았다. 자연이 흘러가는 대

현대의 농부들은 공장에서 추구하는 것과 같은 시간 대비 생산 효율에 쫓기고 있다.

로 살아야 '배부르고 등 따습게' 살 수 있지 않겠는가. 자연에 맞서려 했다가 는 낭패를 보고 말 테다.

자연의 변화를 잘 읽는 사람은 좋은 대접을 받았다. 농촌에서 노인들은 경험 많은 농부들이다. 그분들은 '농사 자문'같은 역할을 했다. 오랜 경험으로 자연이 어떻게 바뀔지, 바뀌면 어떻게 해야 할지를 잘 알기 때문이다. "기미년 가을처럼 큰 비가 들면, 다음 해 벌레가 많아지는 법이란다." 시골 노인들은 이런 식의 충고를 입에 달고 살았다.

'철이 든 사람'이란 계절의 변화를 마음에 새기는 사람이다. 제아무리 욕심 부려도, 인간이 계절을 바꿀 수는 없다. 그러니 욕심을 줄이고 자연에 맞추어 삶을 살아야 했다. 하지만 현대에는 '철없는 인간'이 대접받는다. 욕심이 큰 이들은 되레 '야망이 남다른' 인물로 여겨진다. 환경이 여의치 않으면 바꿔 버리면 된다는 식이다. 땅이 없으면 산을 깎고 바다를 메우면 된다는 태도다. 그래서 지구는 어떻게 바뀌어 버렸을까?

달력에 이름 붙이기

프랑스 혁명력

영어에는 달력의 각 달에 이름이 붙어 있다. 어떤 이름은 신의 이름을 따서 지었다. 3월인 'March'와 5월인 'May'는 전쟁의 신 마르스(Mars)와 봄의 여신 마이아(Maia)에서 왔다. 그런가 하면 유명한 정치인들에게서 온 이름도 있다. 8월을 가리키는 'August'는 로마의 첫 황제인 아우구스투스(기원전 63~기원후 14)의 이름을 따서 붙여진 이름이다.

1789년, 프랑스 사람들은 혁명에 성공하자 달력의 이름을 바꾸었다. 1월은 '포도 수확의 달', 2월은 '안개의 달', 7월은 '싹의 달', 12월은 '열매의 달', 이런 식으로 말이다. 우리도 각 달의 이름을 붙여 보면 어떨까? 우리나라의 특성이 잘 나타나도록 각 달의 이름을 붙여 보자.

자연의 복수는 집요하고 무섭다. 쇠고기 소비가 늘어남에 따라 많아진 소 떼는 사막의 크기를 늘려 놓았다. 소들이 풀이 자랄 틈도 주지 않고 뿌리까지 파먹은 까닭이다. 사탕수수나 커피를 기르기 위해 밀림을 없애 버린 탓에 지구는 점점 더워진다. '철 없는 과일'을 만들기 위해 석유나 석탄은 더 빨리 사라지고 있다. 지구가 더워지면서 홍수나 가뭄도 잦아졌다. 이 모두는 자연의 리듬을 담은 달력대로만 살면 겪지 않을 위협들이다.

중국에서는 황제를 '하늘의 아들', 천자(天子)라고 했다. 아들이 잘못하면 아버지는 화를 내기 마련이다. 자연 변화가 심상치 않으면, 황제는 '아버지' 하늘에게 뭔가 잘못을 한 게 아닌지 하여 전전긍긍했다. 우리의 임금들도 심하게 가물거나 홍수가 들면, 자신이 덕이 없음을 심하게 반성했다. 그만큼 나라

베이징의 옛 관상대
명나라(1442년) 때 건립되었으며 천문을 관측하던 8대의 기구가 설치되어 있다.

를 다스릴 때 자연을 배려하고 신경 썼다는 의미다. 일상에서도 마찬가지다. 지금도 '하늘이 무섭지 않으냐'는 표현은 큰 잘못을 한 이들에게 호통 치는 말로 쓰인다. 때로는 '철 좀 들어라'며 훈계를 늘어 놓기도 한다.

하늘을 살피는 마음은 자연을 살피는 마음이다. 자연의 계절, 철을 아는 인간은 무리를 하지 않는다. 그래서 세상을 온전하게 한다. 하지만 철을 모르는 인간은 욕심껏 제멋대로 살며 세상을 어지럽게 한다. 지금 인류에게 필요한 것은 '철이 든 마음'이다. '시간은 돈'이라며 째깍거리는 시계는 우리 마음을 조급하게 한다. 그러나 자연은 결코 시계처럼 눈금으로만 돌아가지 않는다. 자연의 리듬을 담고 있는 달력의 의미를 곰곰이 곱씹어 볼 일이다.

02 쇼핑 : 편의점은 왜 건물 꼭대기에 들어서지 않을까?

편의점은 거의 1층에 있다. 약국은 보통 1층에, 병원은 2층에 자리 잡는다. 슈퍼마켓은 대개 지하에 들어선다. 누가 그렇게 하라고 시키지 않았는데도 말이다. 똑같은 조건에서 어떤 일이 계속해서 반복되면 사람들은 이를 법칙으로 만들곤 한다. 그렇다면 어디에 어떤 가게가 들어설지 알려 주는 '법칙'을 만들 수도 있지 않을까? '쇼핑의 지리학'이라는 이름 아래 말이다. 가게 위치에 담긴 비밀을 함께 알아보자.

편의점과 약국은 왜 1층에 많을까?

상가의 법칙 – 왜 편의점은 2층에 드물까?

상가 건물 1층에 병원이 들어선 경우는 별로 없다. 2층에 약국이 있는 건물도 드물다. 대부분 1층에 약국, 2층에 병원이 있다. 그뿐만이 아니다. 1층에 자리 잡은 독서실을 본 적이 있는가? 5층에 있는 편의점은? 편의점의 위치는 1층, 독서실은 맨 위층이다.

건물 안에서만 이런 것이 아니다. 업종별로 상점 위치도 정해져 있다. 모르는 동네에 갔다고 해 보자. 문구점이나 서점은 어디서 찾을까? 학교 주변을 거닐다 보면 문구점이 눈에 띄기 마련이다. 은행은? 역이나 버스 정류장 주변을 두리번거리면 푸른색 간판이 눈에 들어올 테다. (은행 간판은 대개 푸른색이다.) 자동차 정비점이나 세차장은 어디 있을까? 번잡한 상가 한복판에 자리 잡은 자동차 정비점은 별로 없다. 자동차를 다루는 가게는 개천이나 철길을 따라 난 한적한 거리에 있다.

이처럼 상점이 자리 잡는 데는 '비밀스러운' 법칙이 있다. 하지만 우리는 이미 이 비밀을 알고 있다. 그렇지 않다면 우리가 어떻게 서점이나 문구점, 편의점 등등을 쉽게 찾아낼 수 있단 말인가?

거지를 따라가면 돈이 보인다?

장사해서 성공하려면 가게가 자리 잡은 터, 즉 '목'이 아주 중요하다. 고기가 많아야 낚시가 잘되듯이 나다니는 사람이 많아야 손님이 많은 법이다. 끊임없이 인파가 움직이는 지하철역 주변, 교통이 몰리는 사거리에 상가가 몰려 있는 이유다.

그러나 가게 앞이 사람들로 붐빈다고 해서 장사가 다 잘되지는 않는다. 바쁜 아침 출근 시간, 역 주변 휴대 전화 상가들은 한가하다. 그럴 수밖에 없다. 지각하지 않으려 바동거리는 사람들 눈에 휴대폰 광고가 들어올 리 있겠는가. 관공서 주변 상가들도 사정은 똑같다. 서류 떼고 민원을 풀려는 생각으로 가득한 사람들은 늘어선 점포에 눈길을 잘 주지 않는다. 대체로 행인들의 걸음이 빠른 곳은 장사가 잘 안된다.

반면, 관공서에서 나오는 출구 쪽은 사정이 다르다. 퇴근하는 길목도 그렇다. 사람들의 발길이 한결 여유롭다. 이야기를 나누며 이곳저곳을 살피며 걷는다. 상점도 그제야 활기를 띈다. 한마디로 장사에 좋은 입지는 '지나다니는 사람들의 수 + 걸음걸이가 느린 정도'에 달려 있다 하겠다.

편의점과 약국이 1층에 있고 병원과 독서실이 2층에 문을 여는 이유도 이것으로 설명된다. 편의점이 2층에 있다고 해 보자. 아주 더운 날, 아이스크림 사 먹자고 힘들여 계단을 올라가고 싶을까? 약국도 그렇다. 병원 안 가고 약 사 먹자고 생각할 정도면 아직 참을 만한 수준이다. 엘리베이터 앞에 길

도시의 상가
대부분 도시의 상가에는 1층에 약국, 은행, 편의점 등이, 2층 이상에는 병원, 독서실 등이 자리 잡는다.

게 늘어선 줄을 본 순간, 약국 가는 게 귀찮아지기 쉽다. 그러니 편의점과 약국은 1층에 있어야 한다. 생각날 때 즉각 가게에 들어서도록 말이다.

반면 병원이나 독서실은 다르다. 병원에 '생각난 김에' 가는 사람은 많지 않다. 이가 시려 미치겠다면 병원이 5층에 있건, 10층에 있건 무슨 상관이겠는가. 독서실도 그렇다. 작정하고 공부하러 나섰으니, 엘리베이터 줄이 길더라도 참고 기다리게 된다.

날마다 마주치는 가게들의 위치는 사람들의 세심한 마음결에 따라 배치된 결과다. 심지어 걸인들도 행인들의 미묘한 심리 차이에 따라 앉은 자리가 달라진다. 지하철역 주변에 간다면, 작정하고 거지들의 위치를 살펴보라. 그들은 어느 길목에 앉아 있는가? 왼쪽과 오른쪽, 어느 편에 자리를 잡았는가?

사람들이 많이 오가나 걸음이 여유로운 곳, 걸인들은 그런 길목에 모여든다. 거지 많은 곳을 따라가면 돈 벌리는 곳이 보인다. 장사로 성공하고 싶다면 새겨들어야 할 소리다.

사업 성공을 부르는 1.3배의 법칙

내 마음에 드는 자리는 남들에게도 좋다. 그래서 장사하기 좋은 목은 임대료가 엄청 비싸다. 남는 장사를 하려면 집세 싼 곳에 터를 잡아서 많이 팔아야 한다. 가게 목만 따지고 있다가는 쪽박 찰 일 밖에 없다.

터가 별 볼일 없다면 다른 노력이라도 해야 한다. 장사에는 '1.3배의 법칙'이라는 것이 있다고 한다. 1.1배 정도의 차이는 별로 눈에 띄지 않는다. 1.2배도 마찬가지다. 반면, 1.3배 정도 되면 뭔가 다르다는 느낌이 확 다가온다. 52킬로그램의 체중이 50킬로그램이 되었을 때와 49킬로그램이 되었을 때의 차이를 떠올려 보라.

남들보다 1.3배 더 나은 모습을 보이려면 어떻게 해야 할까? 사소한 차이가 큰 결과를 낳는다. 흔히 쓰는 방법은 조명을 밝게 하는 것이다. 사람들은 밝은 곳으로 모여들게 마련이다. 가게 앞 거리까지 환하게 하면 더 좋겠다. 밝음은 안전하다는 인상마저 준다.

새로 문을 연 점포들은 으레 빠른 박자의 댄스 음악을 틀어 놓는다. 백화점은 끊임없이 움직이는 에스컬레이터를 눈에 잘 띄는 곳에 배치한다. 왜 그럴까? 북적이는 느낌을 주기 위해서다. 쇼핑 나온 사람이라면 절간의 고요함보다 떠들썩한 잔치 분위기를 바라지 않겠는가.

좀 더 통 큰 방법을 쓸 수도 있다. 가게 주인은 큰돈을 들여 판촉 행사나 공연을 연다. 조선 시대 송파장에서 열렸다는 산대놀이[1]도 일종의 판촉 행사였다. 장마당에 사람들을 끌어 모으는 데는 볼거리만한 게 없다.

더욱 확실한 방법은 새로운 랜드마크(landmark), 곧 눈에 확 띄는 건물이나 장소를 만드는 것이다. 서울 잠실에 100층 넘는 건물이 들어선다고 했을 때, 지역 상인들은 일제히 만세를 불렀다. 100층 넘는 건물이라면 오가는 사람만 해도 얼마겠는가. 박물관, 영화관 같이 사람들이 몰리는 볼거리는 주변 상권을 같이 키운다.

편리한 교통은 손님을 빨아들이는 빨대

그러나 랜드마크는 가게 주인 한두 사람의 노력만으로는 세울 수 없다. 돈이 엄청 많은 사업가와 정부의 배려 없이는 힘들다. 그래서 자치 단체들은 정부 기관이나 놀이 시설, 공원 등을 자기 고장으로 끌어들이느라 열심이다.

장사를 키우는 데는 랜드마크보다 더 큰 효과를 내는 것이 있다. 바로 '길'이다. 고불고불한 길을 40분 넘게 달려서야 갈 수 있는 쇼핑센터와, 시원한 도로를 10분만 가면 다다르는 대형 할인점 중 어느 쪽이 더 장사에 유리할까? 빠르고 편리한 길은 상권을 크게 키운다. 도로를 낼 때마다 어디로

1 서울 송파구 송파나루에서 열리던 산대놀이이다. 산대놀이는 큰길가나 빈터에 만든 무대에서 하는 탈놀음이다. 고려 시대에 생겨나서 조선 시대까지 궁중에서 성행했으나, 민간에까지 널리 퍼져서 평민 극이 되었다.

경춘 고속 도로의 노선도 | 서울특별시 강동구 강일동과 강원도 춘천시 동산면 조양리를 잇는 고속 도로로, 총 61.4킬로미터이다. 2004년 착공되어 2009년 7월 15일에 개통되었다. 이 도로를 이용하면 서울에서 춘천까지 40분밖에 걸리지 않는다.

길을 내느냐를 놓고 시민들 사이에 드잡이가 오가곤 한다. 큰 이권이 왔다 갔다 하니 그럴 수밖에 없겠다.

그러나 좋은 교통은 거꾸로 상권을 죽이기도 한다. 고속 전철이 개통되었을 때, 지방 상인들은 지역 상권이 크게 살아나리라 기대했다. 하지만 그 후로도 지방 도시의 상가는 점점 기울어져 간다. 경춘 고속 도로가 새롭게 뚫리면서 서울에서 춘천까지 40분밖에 걸리지 않게 됐다. 이런 사실은 춘천 상인들에게 좋은 소식일까, 나쁜 소식일까?

사실 식료품, 칫솔, 치약 등 생필품은 도로의 영향을 별로 받지 않는다. 큰 길이 뚫렸다고 해서 서울에 있는 대형 할인점에 가서 칫솔 1,000개를 사올 사람이 얼마나 되겠는가. 자잘한 일상 용품들은 여전히 주변 가게에서 구입하게 될 테다.

텔레비전, 냉장고, 보석, 비싼 시계 등은 사정이 다르다. 비싼 물건을 고를 때 사람들은 훨씬 신중해진다. 좀 멀더라도, 상품이 더 많고 더 싼 가게에 가려고 한다. 만약 대구 시내의 백화점과 서울 명동의 패션 아울렛이 있다면 사람들은 어디로 가려 할까? 서울 사람들이 일부러 대구까지 내려가 물건을 사지는 않을 것 같다. 대구에서 고속 전철을 타고 서울로 물건을 사러 가는 사람들이 훨씬 많을 테다.

비싼 물건을 파는 가게일수록 '유동(流動) 인구'가 중요하다. 서울 잠원동 아파트 단지 안에 전자 상가가 있다고 해 보자. 찾아오는 손님들은 주로 아파트 주민들이겠다. 그런데 텔레비전이나 냉장고 같은 전자 제품은 몇 년에 하나 살까 말까한 고가품이다. 그러니 장사가 잘되기는 힘들다.

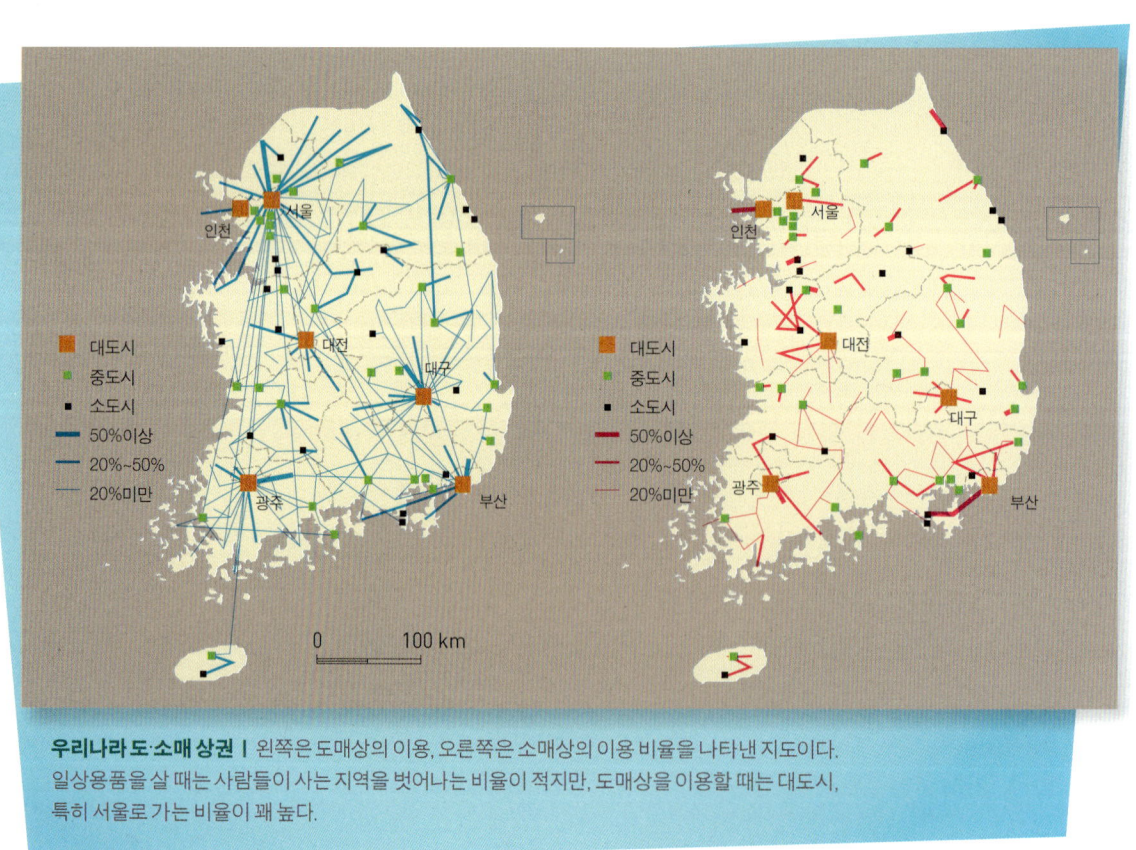

우리나라 도·소매 상권 | 왼쪽은 도매상의 이용, 오른쪽은 소매상의 이용 비율을 나타낸 지도이다. 일상용품을 살 때는 사람들이 사는 지역을 벗어나는 비율이 적지만, 도매상을 이용할 때는 대도시, 특히 서울로 가는 비율이 꽤 높다.

2부 | 비즈니스 지리학 : 쇼핑과 관광, 그리고 스포츠

똑같은 가게가 용산 전자 상가에 있다면 어떨까? 용산에는 용산 주민만 오지 않는다. 전자 제품을 사기 위해서 각지에서 '처음 보는 얼굴'들이 몰려든다. 이들이 바로 유동 인구다. 서울의 상권은 대구보다 유동 인구가 훨씬 더 많다. 대한민국에서 교통이 가장 편리한 지역은 서울이다. 넓게 뚫린 길을 따라 전국 각지에서 손님들이 몰려온다. 장사가 잘되니, 취급하는 상품 가짓수도 많아진다. 게다가 많이 팔리니 가격까지 헐하게 매길 수 있다. 그럴수록 지방 상가들의 불빛은 더욱더 희미해진다.

어느덧 편리해진 교통은 빨대처럼 돈과 손님들을 서울로, 서울로 빨아들인다. 날로 넓어지고 빨라지는 도로가 반갑지만 않은 까닭이다.

지방이 서울을 이기는 길은 없을까?

지방 상인이 서울 상인을 이기는 방법은 없을까? 서울로 사람이 몰린다면, 지방으로도 손님을 끌어모을 길은 없을까? 서울은 2,000년이 넘도록 한반도의 교통 요지였다. 그렇다면 지방에 서울만큼 중요한 교통 시설을 만들면 어떨까? 양양 국제공항[2] 같은 지방 공항들은 이런 생각에서 지어졌다.

안타깝게도 지방에는 유령의 집처럼 되어 버린 공항과 터미널이 곳곳에 있다. 하루아침에 사람들 발길을 돌리기란 보통 어려운 일이 아니다. 때로는 지방 도시에 사람을 모으기 위해 대규모 전시장이나 쇼핑몰을 지어 놓기도 한다. 하지만 전시장이 돌잔치 장소로 쓰일 만큼 파리 날리는 곳도 적지 않다. 한마디로 지방이 규모로 서울을 상대하기는 어렵다는 뜻이다.

지역 특산물은 어떨까? 상품을 나르는 비용은 가격 가운데 큰 몫을 차지한다. 생산지에서 직접 판다면 '가격 경쟁력'만큼은 확실할 테다. 강원도 횡성에서 파는 쇠고기는 서울보다 훨씬 싸다. 외딴 곳에 있는 공장 앞에는 숨이 멎을 만큼 저렴하게 자기 회사 제품을 파는 아울렛이 들어서곤 한다.

[2] 2002년 개항한 이후 단 한 번도 흑자를 내지 못했고 전기 노선도 끊겨 폐쇄 위기에 처해 있다.

그러나 지역 생산물로만 상권을 꾸리기에는 한계가 있다. 횡성 한우가 유명하다 해서 횡성 사람들이 쇠고기만 먹고 살지는 않는다. 외지(外地), 특히 수도권에서 온 사람들이 팔아 줘야 상가가 굴러가는 구도다. 따라서 지방 상권이 잘 굴러가도 수도권의 영향력은 더욱더 커진다. 만약 서울에서 손님들이 찾아들지 않는다면 지역 상권은 어떻게 되겠는가? 수도권 경제가 재채기를 하면, 지방 경제는 죽을병을 앓게 된다는 뜻이다.

이쯤 되면 왜 옛 조상들이 상업을 금지했는지 이해될 듯싶다. 조선 전기에는 장사가 가장 천한 일로 멸시받았다. 장사를 하면 이익이 많이 남는다. 그러나 상업이 왕성해지면, 사람들은 반드시 도시로, 서울로 모여들게 되어 있다. 사람이 몰리는 곳에 돈도 꼬이는 까닭이다. 상권이 발달할수록 지방은,

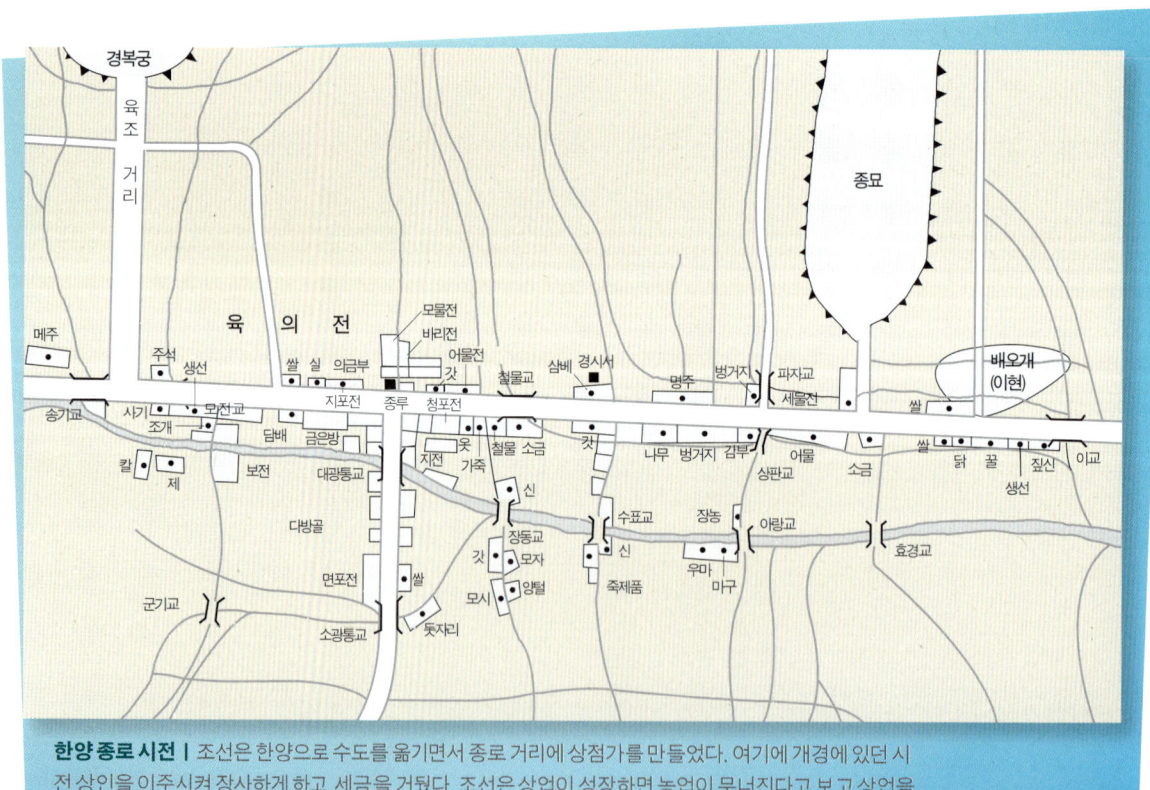

한양 종로 시전 ┃ 조선은 한양으로 수도를 옮기면서 종로 거리에 상점가를 만들었다. 여기에 개경에 있던 시전 상인을 이주시켜 장사하게 하고 세금을 거뒀다. 조선은 상업이 성장하면 농업이 무너진다고 보고 상업을 통제했다. 시전 상인은 왕실이나 관청에 물품을 공급하는 대신에 특정 상품에 대한 독점 판매권을 부여받았는데, 시전 중에서 가장 번성한 여섯 가지 점포(명주, 종이, 어물, 모시, 삼베, 무명)를 육의전이라 하였다.

시골은 더욱더 말라만 간다.

이를 돌이킬 방법은 없을까? 지방의 상가가 서울 중심가만큼 번성하게 하는 길은 무엇일까? 조선 시대 임금들의 걱정거리는 '비즈니스 시대'를 사는 우리들의 고민이기도 하다.

아이스크림에 주변 개미들이 모두 몰리듯 거대한 상권에는 다른 지역 사람들까지 몰려든다.

지역 브랜드 :
뭉쳐도 죽고, 흩어져도 죽는다?

메뚜기는 원래 떼로 날아다니던 곤충이 아니다. 논밭이 넓게 펼쳐지자, 비로소 메뚜기 떼가 나타났다. 먹을거리가 풍성해진 까닭이다. 전염병도 그렇다. 무엇이건 흩어져 살면 병이 쉽게 번지지 않을 테다. 뭉치고 모이면 병도, 해충도 위력이 커진다. 그럼에도 농사를 짓건, 장사를 하건 사람들은 끊임없이 뭉쳐서 규모를 키우려 한다. 그래야 '경쟁력'을 갖춘다고 주장하면서 말이다. 지역 브랜드(brand)를 통해 큰 덩치가 주는 장점과 단점을 알아보자.

옛날에는 직업이 사람과 집안을 나타내는 **특징**으로 통했다.

내 이름은 '빵집 아저씨'?

옛날 사람들은 이름이 필요 없었다. '대장간 총각', '빵집 아줌마', '신발 가게 아저씨', 서로를 이렇게 불렀다. 대장간, 빵집, 신발 가게가 두셋 씩 있는 마을은 아주 드물었다. 따라서 '대장간 총각' 식으로 부른다 해서 헷갈릴 리 없었다.

특별한 직업이 없는 사람들은 집의 특징이나 고향이 이름처럼 통했다. 마당에 버드나무가 있다면 '버드나무집 할아버지'로, 다른 곳에서 왔다면 '부산댁', '수원댁' 등으로 불렸을 테다.

반면 도시에서 사는 이들에게는 이름이 중요하다. 작은 마을에서는 '옷 집 아저씨'하고 불러도 별 문제가 없다. 하지만 서울 한복판에서 '옷집 아저 씨'라고 외치면 열 명 이상은 움찔하며 쳐다볼 것이다. 도시에 옷집이 어디 한둘뿐인가.

공장과 도시가 많아지면서 사람들은 부랴부랴 이름을 갖기 시작했다. 유럽에서는 원래 귀족들에게만 이름이 있었다. 평범한 사람들도 이름을 찾 게 되자, 그들은 자기 직업을 따서 성을 만들었다. 뮐러(Müller), 스미스(Smith, Schmidt), 베커(Bäcker), 서양의 흔한 성은 각각 방앗간 아저씨, 대장장이, 빵 집 주인이라는 뜻이다.

집적 이익, 뭉쳐야 산다!

100년 전만 해도 빵집이 10개씩 있는 마을은 상상하기조차 어려웠다. 슈퍼마켓 하나를 꾸리려면 적어도 500명 남짓의 고객이 있어야 한다. 따라 서 코딱지만한 동네라면 빵집 2개도 버겁다.

그런데 지금은 동마다 빵집 10개씩은 있다. 어디 그뿐인가. 같은 일을 하는 사람들끼리 모여 큰 장터를 이루곤 한다. 곳곳마다 음식점들이 모인 '먹자골목'이 있다. 옷가게들이 모인 '패션 거리'도 흔하다. 가구 골목, 전자 제품 상가, 청과물 시장 등, 같은 물건을 파는 가게가 수백 개씩 모인 동네도 흔하다. 어떻게 이런 일이 가능할까?

가게의 규모는 교통이 얼마나 편한지와 맞닿아 있다. 예를 들어 보자. 우리 집 바로 옆에 채소 가게가 있다. 그리고 4킬로미터 남짓 떨어진 곳에 또 다른 채소 가게가 문을 열었다. 장을 본다면 어디로 가게 될까?

무거운 채소를 들고 1시간 넘게 걷기란 끔찍한 일이다. 먼 곳의 가게가 훨씬 싸고 싱싱한 야채를 판다 해도 도리가 없다. 사람들은 동네 가게를 찾는다. 작은 동네에 복작대며 살다 보니, 주민들끼리는 서로 얼굴을 알고 친하다. 그러니 다른 상점을 찾기도 눈치 보인다. 그렇게 '1마을 1업소'는 뿌리를 내린다. 제아무리 수단 좋은 상인도 텃세 센 동네에 발을 들이밀기는 쉽지 않다.

하지만 도시에서는 처지가 다르다. 사람들은 대부분 한 동네에서 평생 살지 않는다. 그만큼 이웃끼리 서로 덜 신경 쓴다. 가게 주인들 눈치를 특별히 볼 까닭도 없다. 싸고 좋다면 다른 상점에도 얼마든지 드나든다.

그뿐 아니다. 교통의 발전은 '1마을 1업소'를 확실하게 무너뜨렸다. 걸어서 1시간 거리라 해도 차 타고는 10분 남짓이다. 낑낑대며 집까지 물건을 들고 올 필요도 없다. 잔뜩 샀다 해도 차의 짐칸에 쇼핑백을 던져 놓기만 하면 되기 때문이다.

편리해진 교통 덕에 훨씬 먼 곳에서도 손님들이 찾아온다. 그렇게 가게는 점점 더 커진다. 한 가게가 감당하기 힘들 만큼 손님이 늘면 옆에 비슷한 점포가 들어선다. 야금야금 상가가 늘어나다가, 마침내는 골목 전체가 한 가지만 취급하게 된다. '신당동 떡볶이 골목', '압구정동 로데오 거리' 등등은 이렇게 생겨났다.

가게들이 많이 모일수록 물건 값은 헐해진다. 1,500원에 5개보다 1,000원에 10개 팔 때가 이익이 더 많이 남는 까닭이다. 많이 팔 수만 있다면 가격을 내리는 쪽이 유리하다. 싼 가격은 또 다시 사람들을 끌어 모은다. 계속 상권(商圈)이 커지다 보면, 마을 이름이 브랜드처럼 되어 버린다. '용산' 전자 상가, '마장동' 축산물 시장, '신사동' 아귀찜 거리 등등. 비슷한 가게들은 모일수록 이익이 커진다. 이를 학자들은 '집적 이익'이라고 한다.

'뭉쳐야 산다'는 장사에서도 진리다.

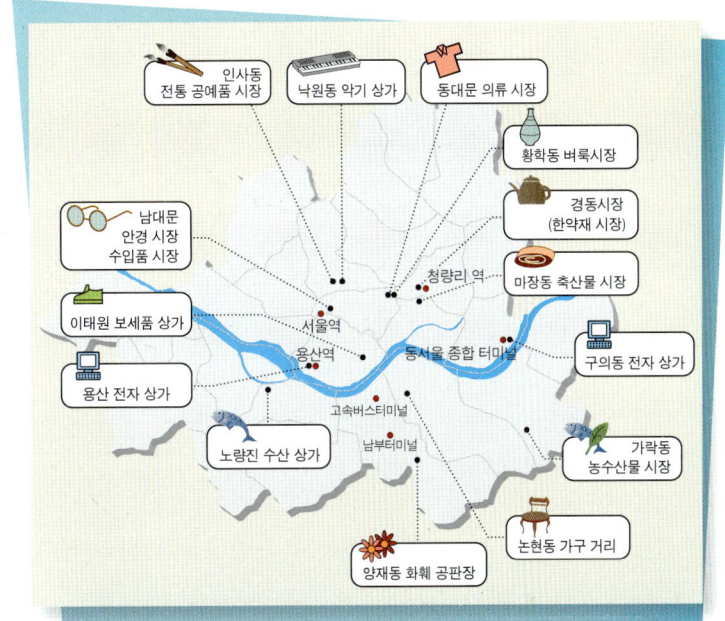

서울의 주요 상권 | 서울에는 비슷한 가게들이 모여 지역 이름이 브랜드처럼 된 시장이 여럿 있다. 이들 시장은 서울 사람뿐만 아니라 멀리 지방에 사는 사람들까지 몰리는 대규모 상권을 형성하고 있다.

중화요리집이 모든 것을 설명한다. 중심지 이론!

이제는 도시, 지역 전체가 한 가지 상품에 매달리는 경우도 흔하다. 프랑스 보르도 지방의 포도주, 보성의 녹차, 울산의 자동차, 포항의 제철소 등등이 그렇다. 규모만 다를 뿐, 이 모든 것은 중화요리집이 커 나가는 과정과 다르지 않다.

부산에서 서울까지 탕수육을 배달시킬 사람은 없다. 아니, 전화해도 주문을 받을 리 없다. 오토바이 기름 값과 배달 시간을 따지면 남는 게 없기 때문이다. 중화요리집은 이익이 남는 거리까지만 음식을 가져다준다.

너무 멀어서 자장면 주문하기도 어려운 동네는? 장사만 된다면 득달같이 영업점이 들어서기 마련이다. 그곳에는 자연스레 또 다른 중화요리집이 생겨날 테다. 마침내 지도 위에 중화요리집 하나하나를 중심으로 원이 생기는 때가 온다. 인구 규모로 볼 때, 요리집 2개가 들어서면 망하지만 하나 만큼은 확실하게 살아남는 원 말이다.

원끼리 맞닿는 곳 사이사이에는 빈 곳이 생긴다. 이를 메우다 보면 원은 육각형으로 바뀐다. 육각형의 '영토'를 차지한 중화요리집들은 전국을 뒤덮고 있다. 중화요리집뿐 아니다. 순댓국집, 옷가게, 공장 할 것 없이 얼추 육각형을 그리며 상권을 이룬다. 크리스탈러의 중심지 이론에 따르면 그렇다. 교통이 발달할수록 육각형들은 점점 커진다. 심지어 육각형은 나라 경계마저도 넘겨 버린다. 벨기에 산 삼겹살, 중국산 채소를 먹는 일은 이제 특별하지도 않다. 품질 좋고 값싸다면 한 지역 상품이 전 세계 시장을 움켜쥐는 세상이다.

지구 전체에 물건을 대려면 도시나 나라 전체가 매달려야 한다. 그렇게 세계적인 '지역 표시(geographical identification)[1] 상품'이 등장했다. 콜롬비아의 커피, 타이의 쌀처럼 말이다. 제주의 한라봉, 충주의 사과는 보르도의 포도주만큼 유명한 상표로 커 나가고 있다.

[1] 지역 특산품에 대해 해당 지역이 원산지임을 표시하는 제도를 지리적 표시 제도라고 한다. 지역 이름을 상표권처럼 보호해 주기 위한 제도로, 우리나라에서는 국립농산물품질관리원에서 생산자의 신청을 받아 등록해 주고 있다. 우리나라의 지리적 표시 농산물은 현재 66개이며, 보성 녹차, 한산 모시, 정선 찰옥수수 등이 있다.

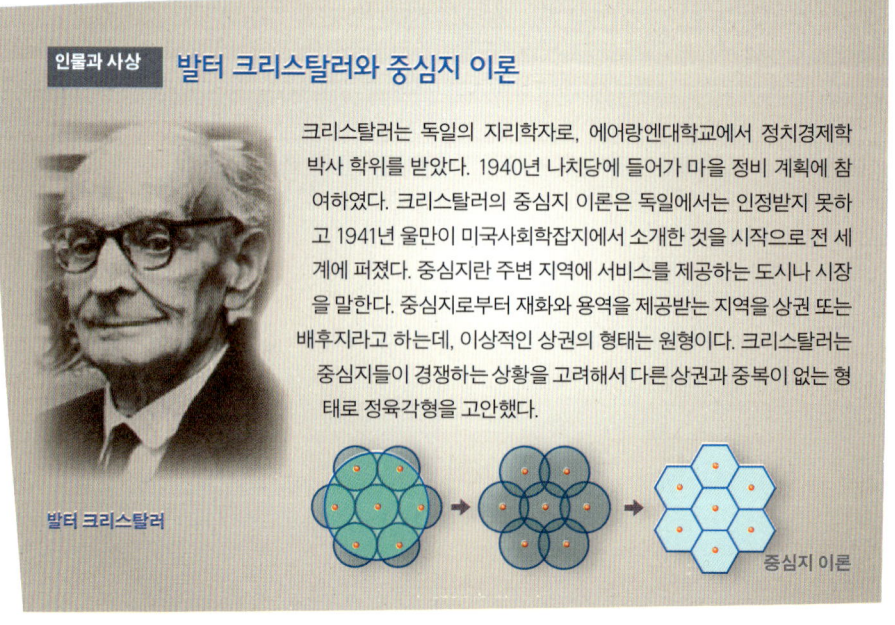

인물과 사상 | **발터 크리스탈러와 중심지 이론**

크리스탈러는 독일의 지리학자로, 에어랑엔대학교에서 정치경제학 박사 학위를 받았다. 1940년 나치당에 들어가 마을 정비 계획에 참여하였다. 크리스탈러의 중심지 이론은 독일에서는 인정받지 못하고 1941년 울만이 미국사회학잡지에서 소개한 것을 시작으로 전 세계에 퍼졌다. 중심지란 주변 지역에 서비스를 제공하는 도시나 시장을 말한다. 중심지로부터 재화와 용역을 제공받는 지역을 상권 또는 배후지라고 하는데, 이상적인 상권의 형태는 원형이다. 크리스탈러는 중심지들이 경쟁하는 상황을 고려해서 다른 상권과 중복이 없는 형태로 정육각형을 고안했다.

발터 크리스탈러

중심지 이론

메뚜기 떼, 지역 브랜드를 타고 날다!

지역 브랜드는 날로 늘어만 간다. 고창 복분자주, 순창 전통 고추장, 제주 돼지고기, 안동포, 정선 찰옥수수 등등. 브랜드가 자리 잡은 곳들은 돈을 쓸어 모은다. '보성 녹차밭 견학'처럼, 관련된 관광 상품도 인기를 끈다.

하지만 지역 특산물이 세계적인 브랜드가 되는 게 꼭 바람직할까? 메뚜기는 원래 떼로 다니는 곤충이 아니다. 논이나 옥수수 밭이 없었다면 메뚜기 떼도 나타날 리가 없었다. 먹이가 되는 곡식이 '떼'로 길러지니 메뚜기들도 그만큼 많아졌다는 뜻이다.

곡식과 가축의 전염병도 그렇다. 자연 상태에서는 병이 돌아도 널리 퍼지지 않는다. 워낙 많은 동식물들이 엉켜 사는 탓이다. 잎도열병은 벼에게만 생기는 병이다. 그래서 중간에 다른 식물들이 있으면 병이 널리 퍼지지 않는다. 그러나 논만 한없이 펼쳐진 곳에 잎도열병[2]이 번지면 끝장이다.

유럽의 포도밭도 한때 심각하게 망가졌었다. 포도나무에 병이 돌기 시작하자, 나무들은 속절없이 말라 갔다. 칠레로 옮겨간 포도 종자가 없었다면 우리는 더 이상 유럽산 포도주 맛을 보기 어려웠을 테다.

공장들의 처지도 비슷하다. 모여 있으면 공해는 더욱 거진다. 어디 그뿐인가? 자연에는 사람이 모여 산다는 자체가 엄청난 스트레스가 된다. 인분 처리 하나만도 아주 심각한 문제다. 시민들이 매일 '생산'해 내는 배설물의 양이 엄청나기 때문이다. 원래 인분은 텃밭에서 훌륭한 '비료'로 쓰였다. 도시에 사람들이 늘어나자 텃밭은 사라져 갔다. 집을 더 많이 짓기 위해서다. 그럴수록 더욱 많은 인분이 '생산'될 테다.

도시 인근에는 밭이 들어차게 된다. 텃밭의 비료는 이제 채소밭의 퇴비로 쓰였다. 농부들은 아침마다 와서 인분을 걷어 갔다. 30여 년 전만 해도 재래식 화장실의 변을 퍼내는 사람들이 도시의 새벽을 열곤 했다.

2 벼에 많이 생기는 병이다. 이 병에 걸리면, 벼 잎에 짙은 갈색의 점이 퍼지고 잎 전체가 마르게 된다. 이삭 또한 말라 죽어 버려 수확을 못하게 된다.

하지만 도시 규모가 커지자 이것도 불가능해졌다. 채소밭도 '택지'로 사라졌다. 미처 처리되지 못한 인분은 강으로 흘러들었다. 예전에 땔감은 나무였다. 나무를 태운 재와 인분이 강 속에서 만나면, 시멘트처럼 딱딱하게 굳는다. 서울의 청계천이 자주 넘쳤던 이유는 여기 있었다. 딱딱하게 굳은 덩어리들로 강바닥이 점점 더 높아졌기 때문이다.

돈 없으면 끝장이다! 아이가 되는 도시들

더 심각한 문제는 다른 데 있다. 옛 농촌은 필요한 물건들을 스스로 댔다. 뒷산에서 땔감을 구하고 텃밭에서는 채소를, 논과 밭에서는 먹을거리를 챙겼다. 마을에는 방앗간에서 대장간까지 필요한 공방(工房)들도 얼추 갖추어져 있었다. 크게 부자는 될 수 없었지만, 그럭저럭 주민끼리 생활을 꾸려갈 수는 있었다.

그러나 지금의 도시나 큰 마을은 다르다. 미국 실리콘 밸리로 가는 교통편이 한 달 동안 모두 막히면 어떻게 될까? 그곳에는 너른 벌판도, 농장도 드물다. 더 크게 살펴보자. 그러면 훨씬 더 오싹해진다. 만약 우리나라에 한 달동안 수입 길이 막힌다면 어떻게 될까? 먹을거리 문제가 심각하게 불거질 테다. 대한민국은 휴대 전화와 자동차로 유명하지만, 식량 자급률은 25퍼센트를 밑돈다.

울산이나 포항 같이 몇몇 산업에 의존하는 곳들도 그렇다. 이런 도시들은 불황을 심하게 탄다. 한마디로 도시가 스스로 지탱할 능력이 없다. '지역 특산품'을 팔아 돈을 벌어서 다른 곳에서 필요한 물품을 구해 오는 구조다. 그러니 사업이 잘되건 못 되건, 늘 불안할 수밖에 없겠다. 상품의 인기가 떨어지면 밥줄은 언제든 떨어져 나갈 수 있다.

지역마다 경쟁이 한창이다. 저마다 축제를 열고 내놓을 만한 상품을 개발하느라 난리다. 지역 브랜드로 성공한 곳들도 적지 않다. 그러나 주머니가 넉넉하고 살림살이가 좋아질수록 되레 불안감은 더 커진다. 더욱 안달을 내며 세상의 눈치를 살피고 '경쟁력'을 높이느라 사람들의 눈은 벌겋다. 돈 없으면 '끝장'인 구렁텅이로 스스로를 몰아넣은 까닭이다.

우리의 시골 마을은 늘 가난하고 보잘 것 없었다. 그럼에도 여유롭고 정이 넘쳤다. 혼자 서는 사람과 서지 못하는 사람의 차이는 그만큼 크다. 산업이 발전할수록, 우리는 점점 더 의존적이고 남에게 매달리게 된다. 스스로를 챙길 수 있는 사람을 어른이라고 한다. 그렇다면 현대의 도시와 문화는 점점 아이가 되어 가고 있는 셈이 아닐까?

혼자 힘으로는 아무것도 할 수 없는 현대의 도시는 마치 아이와 같다.

관광 :
산타에게 고향을 돌려줘!

나라마다 지역마다 '문화 콘텐츠'를 찾아 내느라 난리다. 관광 산업에서는
더더욱 그렇다. 볼거리 없는 평범한 절벽도 그럴듯한 전설이 엮이면 세계적인
관광지로 거듭나곤 한다. 로렐라이 언덕처럼 말이다. 우리나라 곳곳에 사람들의
눈과 귀를 잡아끄는 최신식 건물과 웅장한 기념물이 들어서고 있다. 과연 크고
멋지고 새로운 것이 항상 좋기만 할까? 관광 산업의 눈으로 문화를 바라보자.

지금은 전 세계 어디에서나
산타클로스를 만들어 낸다.

크리스마스는 산타클로스 생일?

성 니콜라우스는 지금의 터키 땅에 살던 사람이다. 믿음 깊은 기독교도였던 그는 어린이들을 참 좋아했다. 가난한 아이들에게는 선물도 곧잘 주었다고 한다. 그는 나중에 대주교라는 교회의 높은 직책까지 올랐다. 지금도 그는 어린이들의 수호성인으로 여겨지고 있다.

네덜란드 사람들은 그를 '산타 클라스'라 불렀다. 이쯤 되면 짐작하겠지만, 산타클로스는 원래 성 니콜라우스였다. 분명 그는 사막 가까운 곳에 살던 노인이었을 터다. 그랬던 그가 언제부터 두꺼운 빨간색 외투를 입고 순록 썰매를 타는 북극 할아버지가 되었을까?

1931년, 코카콜라는 산타클로스를 모델로 광고를 만들었다. 코카콜라의 상징 색은 빨강과 하양이다. 산타클로스는 이때부터 흰 소매 달린 빨간 외투를 입게 되었다. 터키에 살던 산타가 미국으로 이민 간 셈이다.

인기 절정이던 산타는 또 한 번 이사를 간다. 이번에는 핀란드였다. 그곳에는 '산타 마을'이 있다. 산타클로스는 '공식적(?)으로' 핀란드에 살고 있다. 전 세계 어린이들이 그곳으로 엽서를 보내면 산타가 일일이 답신까지 써 준다. 하긴 핀란드는 얼음과 눈의 나라이니 빨간 코에 썰매 타는 산타의 이미지와 딱 떨어지기는 한다.

코카콜라의 산타 광고
사막 가까운 곳에 살던 믿음 깊은 기독교도 성 니콜라우스는 코카콜라에 의해 빨간 코트를 입고 순록 썰매를 타는 북극 할아버지가 되었다.

093

산타 마을은 핀란드에만 있지 않다. 세계 곳곳에서 산타는 우리나라 할아버지라고 외쳐 댄다. 심지어 기독교 신자가 인구의 5퍼센트도 안 되는 일본마저도 그렇다. 일본인 가운데는 크리스마스가 산타클로스의 생일인 줄 아는 이들도 꽤 많다. 어린이를 좋아하던 평범한 노인네가 세계적인 인기를 끄는 이유는 무엇일까?

갓바위 부처님, 어디로 가실래요?

산타를 왜 여기저기서 모셔 가려고 하는지는 되물을 필요도 없다. 돈이 되기 때문이다. 사랑받는 분을 자기 고장으로 끌어들이려는 노력은 산타에서만 그치지 않는다. 팔공산 갓바위 부처님[1]도 그렇다. 대구시와 경산시는 갓바위 부처가 자기 고장 것이라 목소리를 높인다. 소원 잘 들어주기로 알려진 이 부처님을 뵙기 위해 매년 250만 명이 찾아온다. 대구 동구와 경산시는 제각각 갓바위 부처님 축제를 매년 연다. 거기서 벌어들이는 돈이 얼마나 될지 상상에 맡길 일이다.

'굴뚝 없는 산업'이라고 불리는 관광은 21세기에 가장 주목받는 산업이다. 나라마다 마을마다 사람들이 솔깃할 만한 인물, 볼거리들을 찾느라 난리다. 오스트리아 빈은 매년 모차르트(1756~1791)로 엄청난 돈을 긁어 모은다. 전라북도 남원시도 소설 속의 춘향이를 살려 내어 남원의 광한루를 관광 명소로 만들지 않았는가.

그뿐 아니다. 빼어난 자연 풍경도 사람들을 끌어 모은다. 금강산이나 나이아가라 폭포는 사람들이 꼭 가 보고 싶어 하는 곳이다. 안타깝게도, 관광 열풍이 부는 시대에 손가락만 빨고 있어야 하는 곳도 있다. 그럴싸한 인물도 없을 뿐더러, 풍경도 밋밋하여 정말 볼 게 없는 고장은 어쩔 것인가?

1 팔공산은 대구광역시와 영천시, 군위군 부계면, 칠곡군 가산면에 걸쳐 있는 산이다. 팔공산을 유명하게 만든 갓바위 부처님의 정식 이름은 관봉 석조여래좌상이며, 보물 431호이다. 관봉석조여래좌상은 머리에 갓을 쓰고 앉아 있는 불상이다. 갓의 모양이 학사모와 비슷하여 입시 철이 되면 합격을 기원하는 행렬이 줄을 잇는다.

하와이 백사장은 가짜다!

관광객을 끌어들이기 위한 사람들의 노력은 혀를 내두를 정도다. 깨끗한 백사장, 훤히 들여다보이는 바닷속, 알록달록한 물고기가 헤엄쳐 다니는 환상의 섬 하와이. 하지만 하와이의 모래사장은 자연 그대로가 아니다. 와이키키 해변의 깨끗한 모래는 사실 오스트레일리아에서 실어 왔다. 그뿐 아니다. 하아무와 해변의 산호초와 물고기들도 실은 관광객을 위해 심고 모아 놓은 것이다.

이렇게 자연을 '꾸며 놓은' 곳은 얼마든지 있다. 우리나라에서는 전라남도 함평군이 대표 격이다. 함평에서는 매년 나비 축제가 열린다. 원래 함평은 나비가 많은 곳이 아니었다. 엄청난 나비들은 함평군이 나비를 지역 특색으로 만들기 위해 집중적으로 노력한 결과다.

그러나 뭔가 볼거리를 꾸미려면 기본 바탕은 되어 있어야 한다. 하와이나 함평은 원래도 풍광만큼은 괜찮은 곳이다. 아무리 뒤져도 맨송맨송한 곳

함평 나비 축제
함평 나비 축제는 지역 축제로 자리 잡아 매년 많은 관광객을 끌어들이고 있다.

이라면 도대체 무슨 수로 볼거리를 뽑아낸단 말인가.

아예 아무 것도 없는 곳이면 볼거리를 '창조'해 내는 방법도 있다. 카타르를 예로 들어 보자. 이 나라에는 역사 기록이 거의 없다. 문화재도 드물다. 국립역사박물관마저도 전시물이 부족할 정도다. 이들은 수천 년 동안 사막을 떠돌던 가난한 유목민이었다. 그러니 문화가 쌓일 만한 여지가 별로 없었다.

펑펑 쏟아지는 석유는 이들의 운명을 완전히 바꿔 버렸다. 카타르에는 세금이 아예 없다. 되레 정부가 시민들에게 돈을 쥐어 주려 난리다. 이들은 석유의 힘으로 사막에 천국을 만들었다. 카타르의 수도 도하는 수많은 최신식 건물과 경기장으로 웅장하게 바뀌었다.

아랍 에미리트의 수도 두바이도 그렇다. 버즈 두바이를 비롯하여 최고층, 최신의 멋진 건물들이 빠르게 들어서고 있다. 아예 돈으로 볼거리를 만드는 사례다.

나아가, 돈만 있다면 '문화거리'도 얼마든지 만들 수 있다. 라스베이거스를 예로 들어보자. 이집트 카이로에 있는 피라미드보다 더 피라미드다운 건물을 보고 싶으면 라스베이거스로 가 보면 된다. 꼭 이탈리아나 인도에 가지 않아도 피사의 사탑, 타지마할 같은 명물들은 우리 주변에서 얼마든지 볼 수

라스베이거스의 피라미드와 스핑크스
라스베이거스에는 피라미드보다 더 피라미드 같은 호텔과 스핑크스 조형물이 서 있다.

있다. 이름난 놀이 공원에 이를 본 딴 모형들이 여기저기 널려 있으니까 말이다. 볼거리 부족한 지방 도시들이 조각 공원이나 박물관을 앞다투어 만드는 데는 이런 이유가 있다.

로렐라이 언덕 같이 투자하기

그렇다면 관광은 '돈 놓고 돈 먹기'일까? 엄청난 투자를 하여 볼거리를 만들면 과연 관광객들이 구름같이 몰려들까? 꼭 그렇지는 않다. 두바이의 높은 건물은 훌륭한 볼거리이기는 하다. 그러나 멋진 빌딩이 꼭 두바이에만 있지 않다. 굳이 건물 보자고 두바이에 사람들이 몰릴지는 두고 볼 일이다. 우리나라에서도 축제다, 영화 세트장이다, 엑스포다 하여 엄청나게 사업만 벌려 놓고 허덕대는 자치 단체들이 적지 않다.

좋은 투자 아이템이란 적은 투자로 많은 사람들을 끌어 모으는 것을 말한다. 독일의 로렐라이 언덕이 그렇다. 설레는 가슴으로 로렐라이 언덕에 가 본 사람은 아연해지기 마련이다. 로렐라이는 그냥 고만고만한 '언덕'일 뿐이다. 그럼에도 로렐라이를 찾아 사람들은 전 세계에서 구름같이 몰려든다.

유럽이 세계의 관광지인 이유는 '사연'이 많은 곳이기 때문이다. 지나치는 거리, 서 있는 건물 하나에도 다 유명인들의 흔적과 역사가 살아 있다. 여염집이라

로렐라이의 전설

로렐라이는 독일 라인 강에 자리 잡은, '요정의 바위'라는 뜻이다. 유럽 어디에나 있을 법한 언덕이 로렐라이라는 처녀의 이야기로 유명한 곳이 되어 많은 사람들이 이곳을 찾는다.

로렐라이는 자신을 버린 연인에게 절망하여 바다에 몸을 던진 후 바다 요정으로 변했다. 요정은 아름다운 목소리로 뱃사람을 유혹하여 조난시키며, 절반은 인간, 절반은 새의 모습을 하고 있다고 한다.

로렐라이 언덕

도 '단테가 살았던 곳'이라는 표지가 붙어 있다면 집 주변의 모든 것이 달라 보인다. 유럽에 위인과 신화, 전설이 얽힌 곳이 어디 한두 곳이던가.

이렇게 보면 우리나라는 관광 선진국이 되어야 옳다. 대한민국은 5,000년 역사에 빛나는 문화 국가다. 얼마나 많은 문화와 이야기가 우리 주변에 널려 있는가? 그럼에도 가까운 곳의 보물은 되레 시시해 보이기 마련이다. 600년 된 국보 1호 숭례문도 불타기 전까지는 '남대문'으로 덤덤하게 보았던 것처럼 말이다. 우리가 문화를 대하는 태도가 이런 식이다. '라푼젤 이야기'는 친근해도 '바리데기'를 제대로 아는 사람은 아주 드물다.

노벨 문학상이 랜드마크보다 낫다

문화는 과거가 아니라 현재이기도 하다. 영화배우 배용준이 출연한 드라마 〈겨울연가〉가 일본에서 인기를 끌면서 일어난 '욘사마 열풍'은 일본 관광객들을 구름 같이 끌어 모았다.

한류 스타 한 명의 역할은 흥미진진한 「심청전」이나 「흥부전」보다 더 위력을 발휘하는 듯 싶다. 하지만 연예 산업은 한계가 있다. 연예인들은 인기 떨어지면 언제 그랬냐는 듯 사라져 버리곤 한다. 영화나 연예인에게 기댄 관광 상품들도 그렇다. 강원도 춘천의 '준상이네 집'[2]을 10년 뒤에도 가슴에 새기고 올 관광객이 얼마나 될까.

뿌리 깊은 나무가 오래가는 법이다. 독일 프랑크푸르트에 있는 괴테가 태어난 집은 늘 사람들로 북적인다. 중국 취푸[曲阜]에 있는 공자 사당도 세계적인 명물로 자리 잡았다. 얼마나 많은 이들이 뉴턴의 흔적을 좇아 케임브리지 대학을 보러 가는가.

문화의 한 획을 그은 인물은 그만한 유산을 남긴다. 괴테(1749~1832)의 생가는 그 자체로는 여느 건물과 별다를 게 없다. 그럼에도 프랑크푸르트를

2 우리나라 드라마 〈겨울연가〉가 일본 방송사를 통해 방영되면서 〈겨울연가〉의 남자 주인공 준상 역을 맡은 배용준은 큰 인기를 얻었다. 배용준은 일본에서 극존칭인 '사마(さま)' 를 붙여 '욘사마(よんさま)'로 불리며, 〈겨울연가〉와 관련된 각종 기념품 및 관광 상품도 불티나게 팔렸다. 특히 〈겨울연가〉 촬영지를 돌아보는 관광 상품 중 준상이네 집은 일본 사람들이 꼭 들르는 관광 명소가 되었다.

정선의 압구정 그림(위)과 지금의 압구정동 (아래)

압구정은 세조 때 한명회가 세운 별서(別墅)이다. 별서는 농장이나 들이 있는 부근에 한적하게 따로 지은 집을 말한다. 당시 세도가들이 여가를 즐기기 위해 지었다. 압구정은 중국 사신이 왔을 때 연회를 벌일 정도로 경치가 아름다웠다고 한다. 지금은 그 자리에 대규모 아파트 단지와 한강시민공원이 들어서 있다.

압구정동

대표하는 문화유산이다. 그렇다면 우리의 관광 정책도 바뀌어야 하지 않을까?

'관광 한국'을 외칠 때마다 랜드마크를 만들자는 주장이 빠지지 않는다. 잠실에 100층 넘는 건물이 들어서고, 한강에 수상 공연장이 떠 있으며 제주도 서귀포에 고층 건물이 즐비하게 들어서면 과연 대한민국은 둘러볼 만한 나라가 될까? 아무리 멋진 건물을 만든다 해도, 그 가치는 대개 십수 년을 못 넘긴다. 더 멋지고 장대한 건축물들이 다른 곳에 이내 생겨나는 탓이다.

뉴욕의 엠파이어 빌딩이 유명한 이유는 그 층수에만 있지 않다. 〈킹콩〉, 〈슈퍼맨〉 같은 영화, 추리 소설 등의 장소로 숱하게 사연이 얽히지 않았다면 지금 같은 명성을 누리기 어려웠을 터다. 우리의 63빌딩에는 과연 그만한 사연이 얽혀 있을까? 명소가 되는 데는 시간이 필요하다. 하지만 우리는 사연 얽힌 명소들을 '뭉개는' 랜드마크를 만드느라 엄청난 돈을 쏟아 붓고 있다. 지금의 한강에서 옛 시 속 한강의 풍류를 담고 있는 곳은 거의 사라졌다.

우리는 외국의 전설과 신화를 수입해 오기에 급급하다. 크리스마스, 밸런타인데이, 할로윈 축제 등등. 오천 년 역사를 지닌 우리에게 이를 뛰어넘을 문화거리 하나 없을까? 견우와 직녀가 만나는 날을, 연오랑 세오녀의 아름다운 사랑을, 처용의 담대함을 기리며 축제를 만들 수는 없을까? 우리는 숱한 문화거리들을 그냥 흘려보내고 있다.

진정한 '문화 상품'을 만들려면 기념물이나 놀이 공원보다 역사와 문학에 더 많이 주의를 기울일 일이다. 혹시 누가 알겠는가? 이 글을 읽는 그대가 수십 년 뒤 세계적인 작가가 되어 당신의 허름한 아파트가 세계적인 관광 명소로 떠오를지.

산타클로스는 세계인의 인물이다. 따라서 어느 나라건 '우리 할아버지'라고 외칠 수 있다. 하지만 괴테는 독일인이고 단테(1265~1321)는 이탈리아인이다. 마찬가지로 윤이상(1917~1995)[3]과 백남준(1932~2006)[4]은 한국 사람이다.

혜택은 전 세계가 나눠 가질지라도, 이들이 쌓은 명성은 오롯이 조국의 몫으로 돌아간다. 우리나라가 관광 대국으로 거듭나고 싶다면 랜드마크보다 우리 고유문화의 깊은 뿌리에 주목할 일이다.

[3] 한국 음악의 연주 기법과 서양 악기의 결합을 시도한 현대 음악가이다. '동서양을 잇는 음악가'라는 평가를 받고 있다.

[4] 비디오 아트를 예술 장르로 끌어올려 비디오 예술의 창시자로 불린다.

문화는 뿌리 깊은 나무와 같다. 급하게 만든 랜드마크가 화려해 보일지 모르지만 화병의 꽃처럼 금새 시들 수도 있다.

리조트 :
유토피아 흉내 내기

놀이동산에 가면 시간 가는 줄 모른다. 도끼 자루 썩는 줄 모른다는 표현이
절로 떠오를 정도다. 재미나는 볼거리, 달뜬 공기와 즐거운 분위기 등등. 언제
가도 축제 분위기다. 휴양지는 또 어떤가? 멋진 풍경과 쾌적한 기후, 편안한
시설, 리조트는 사람들이 바라는 유토피아(utopia) 모습을 하고 있다. 그러나
유토피아는 자칫 디스토피아(dystopia)가 될 수도 있다. 지리적인 다양성을 담지
못하면 그렇게 된다. 왜 그런지 곰곰이 따져 보자.

인간은 무릉도원처럼 존재하지 않는 낙원을
꿈꾸고 억지로 낙원을 만들기도 한다.

무릉도원 이야기

옛날 중국의 무릉[1]에서 있었던 일이다. 그날따라 고기가 너무 잘 잡혔던 어부가 있었다. 잘되면 욕심이 커지기 마련, 어부는 고기를 더 많이 잡으려고 자꾸만 강을 거슬러 올랐다. 얼마나 갔을까, 문득 고개를 든 어부는 깜짝 놀랐다. 주변이 온통 복숭아나무로 가득했기 때문이다. 복숭아 향기에 취한 어부는 자기도 모르게 강 끝까지 다다르고 말았다.

그곳에는 동굴이 있었다. 어부는 배를 두고 동굴 속으로 들어갔다. 웬걸, 동굴은 들어갈수록 점점 더 넓어졌다. 그러더니 밝고 아름다운 새 세상이 펼쳐졌다. 땅은 끝없이 드넓고 집들이 가득했다. 논밭은 하나같이 기름졌고, 곳곳에 튼실한 뽕나무와 대나무 숲이 펼쳐져 있었다. 어디 그뿐인가, 푸근한 닭 우는 소리와 개 짖는 소리까지! '이곳에서는 먹고 입을 걱정이 없겠군.' 넋을 놓고 있던 어부에게 마침내 사람들이 다가왔다. 그러곤 커다란 집에서 술과 고기로 환영해 주었다.

마을 사람들은 어부에게 자신들을 소개했다. "저희 조상들은 전쟁을 피해 이곳에 왔답니다. 진나라[2] 때라고 하니, 수백 년도 더 된 옛날이지요. 그 후로는 한 번도 밖으로 나간 석이 없어요."

어부는 마을 사람들에게 그간의 역사에 대해 대충 말해 주었다. 전쟁과

1 중국어로는 우링[武陵]이며, 중국 후난성 창더시에 있는 구(區)이다. 예로부터 군사 요충지로 싸움이 많았던 곳이다.

2 중국 최초의 통일 왕조이다. 지금의 간쑤 지방에서 일어나 기원전 221년 시황제가 주나라 및 육국(六國)을 멸망시키고 최초로 중국을 통일하였다. 기원전 207년 한나라 고조에게 멸망하였다.

「몽유도원도」
조선 시대 화가 안견이 1447년(세종 29)에 그린 그림이다. 안평 대군이 꿈에 복사꽃 마을에서 논 광경을 안견에게 말하여 그리게 했다.

혼란이 끝없이 이어졌던 세월에 대해 이야기하자, 사람들의 표정은 점점 어두워졌다. 마침내 어부가 돌아갈 시간이 되었다. 마을 사람들은 은근하게 그에게 부탁을 했다. "제발 우리 마을에 왔다는 말을 누구에게도 하지 마세요."

하지만 어부는 자신이 찾아낸 곳을 세상에 자랑하고 싶었다. 그래서 다시 마을을 찾을 수 있게 돌아가는 길 곳곳에 표시를 해 두었다. 고향에서 그는 동네방네 자신이 본 곳을 자랑했다. 귀가 혹한 사람들이 마을을 찾아 나섰지만 누구도 다다르지 못했다. 어부가 남겼다던 표시를 누군가가 남김 없이 지워 버린 까닭이다.

그 후로 어부가 본 마을은 전설로 남았다. 전쟁도 굶주림도 없는 평화와 행복이 가득한 곳, 무릉에 있는 복숭아 향기가 가득한 마을, 시인 도연명(365~427)[3]이 전하는 무릉도원(武陵桃源) 이야기이다.

젖과 꿀이 흐르는 땅? 다이어트는 어쩌라고!

고통도 고민도 없는 곳에 대한 바람은 어디에나 있다. 돈이 아쉬웠던 유럽 사람들은 황금으로 가득 찬 도시, 엘도라도를 꿈꿨다. 양반인지 따지며 차별하던 조선에서 백성들은 모두가 똑같이 대접받는 세상을 바랐다. 홍길동의 율도국[4]이 그렇다.

더 거슬러 올라가 보자. 기독교의 『성경』에는 모세에 대한 이야기가 나온다. 수천 년 전 이스라엘 사람들은 이집트에서 노예살이를 했었단다. 모세는 이들을 이끌고 신이 약속한 땅으로 향했다. '젖과 꿀이 흐르는 땅', 가나안으로 말이다. 살기 좋고 평화롭다는 점에서는 무릉도원과 비슷한 모양새다.

그런데 곰곰이 따져 보자. 왜 옛날 중국인들은 무릉도원을 꿈꿨을까? 사람들은 항상 자신에게 절실한 부분에 끌리기 마련이다. 지금의 뉴질랜드는 아마도 무릉도원과 비슷할 듯싶다. 편안하고 드넓은 벌판, 한가로이 소들

3 중국 동진의 시인이다. 405년에 현령이 되었으나 80여 일 뒤에 「귀거래사」를 남기고 관직에서 물러나 귀향하였다. 자연을 노래한 시가 많으며, 당나라 이후 육조(六朝) 최고의 시인이라 불린다. 산문 작품에 『오류선생전』, 『도화원기』 등이 있다.

4 『홍길동전』에서 홍길동이 병조판서의 자리를 버리고 해외로 나가 건설한 이상적인 국가이다.

이 풀을 뜯는 풍경, 전쟁과 혼란과는 너무나도 먼 곳, 기후가 좋아서 먹고살 걱정도 별로 없다.

그렇다면 뉴질랜드 사람들은 자기 사는 곳을 낙원(樂園)으로 여길까? 되레 자기 나라를 따분하고 재미없는 곳으로 여기는 사람들도 적지 않다. 그곳 젊은이들은 활기 넘치는 유럽이나 미국을 그리워한다. 남의 떡은 항상 커 보이게 마련이다.

무릉도원의 모습은 우리에게도 조금 거슬린다. '푸근한 닭 우는 소리와 개 짖는 소리'라고? 복작이는 도시 생활에 시달리는 사람이라면 이마를 찌푸릴지도 모르겠다. 개 짖는 소리 탓에 벌어지는 이웃 간에 다툼이 좀 많은가. 그럼에도 도연명이 살던 시대에 중국 사람들은 무릉도원 이야기에 정신없이 빠져들었다. 전쟁으로 만신창이가 된 세상에서 평화롭고 먹고살 걱정이 사라진 곳만큼 절실한 것이 또 어디 있었겠는가.

젖과 꿀이 흐르는 가나안 땅도 마찬가지다. 이 표현은 우리에게는 매우 괴상하게 다가온다. 우유와 꿀이 흐른다? 우리 조상들이라면 결코 쓰지 않았을 표현이다. '사망의 음습한 골짜기'라는 『성경』의 표현도 우리에게 설익기는 마찬가지다. 한반도의 골짜기는 물이 흐르고 온갖 나무들이 우거진 풍요로운 곳이다. 사막은 전혀 다르다. 사막의 골짜기는 태양의 뜨거움과 거친

이집트와 가나안 일대 | 가나안은 『성경』에서 하나님이 아브라함과 그 자손에게 주겠다고 약속한 땅으로, 사해와 갈릴리 호수 서쪽 지역을 말한다. 기원전 13세기 무렵 먼저 거주하던 가나안 족을 정복하고 고대 이스라엘 인들이 뿌리를 내렸다. 이집트와 가나안 일대는 사막이 대부분인 척박한 땅이다. 이런 땅에서 '젖과 꿀이 흐르는 땅'을 꿈꾼 것은 당연한 일이다.

바람만 가득하다.

모세가 있던 이집트는 사막 한가운데 있다. 젖이 흐르는 땅이란 소와 양이 사는 목초지를 뜻하고, 꿀이란 과일나무 열매를 으깬 즙을 나타낸다. 풀밭을 좇아 떠돌아다니는 사막 유목민들에게 '젖과 꿀이 흐르는 땅'은 얼마나 멋진 곳이었을까. 반면 풍요로운 시대를 사는 우리에게 '젖과 꿀이 흐르는 땅'은 유제품과 단 것을 떠올리며 몸무게 걱정을 하게 할 뿐이다. 이처럼 살기 좋은 곳에 대한 상상은 그 시대 사람들의 아쉬움과 절실함을 오롯이 담고 있다.

에덴동산을 부활시켜라! 공원 꾸미기

사람들은 단순히 살기 좋은 곳을 머릿속으로만 그리지 않았다. 신기루 같은 이상향(理想鄕)을 눈앞에 만들려고 했다. 정원은 그렇게 해서 만들어졌다. 이슬람 교의 경전인 『쿠란』에 천국은 꽃이 가득한 곳으로 그려져 있다. 그래서 아랍의 정원에는 수선화, 히아신스, 튤립 같은 꽃들이 활짝 피어 있다. 그뿐 아니다. 천국은 울창한 숲과 출렁이는 연못 사이로 물이 흐르는 곳이기도 하다. 이슬람식 정원에도 대개 물과 수로가 갖추어져 있다. 이는 또한 '물과 젖, 포도주와 꿀이 흐르는 강'을 나타낸다.

유럽 사람들에게도 공원은 『성경』의 에덴동산을 다시 만드는 작업이었다. 특히 18세기부터 유행한 '영국식 정원(English Garden)'이 그렇다. 에덴동산에는 울타리가 없다. 동물과 사람 사이를 가로막는 것이 없어서 풀밭이 누구에게나 열려 있다는 뜻이다. 그래서 영국식 정원에도 담장이 없다. 만들어야 할 때는 멀리서는 눈에 띄지 않게 땅을 파서 하하(ha-ha)라는 걸림 목을 만든다. 하하란 길고 깊게 판 구덩이를 말한다.

세계에 널리 알려진 우리의 비원(秘苑)[5]도 마찬가지다. 비원은 창덕궁에

[5] 창덕궁 북동쪽에 있는 대궐의 후원으로 창경궁과 붙어 있다. 1406년(태종 6)에 처음 생겼다. 지형과 산록의 지세에 따라 여러 모양의 집을 짓고, 연못을 파서 짐승을 길렀다. 한국식 건축 양식과 조경 양식을 엿볼 수 있다.

붙은 정원이다. 그러나 외국인들은 종종 어리둥절한 표정을 짓곤 한다. 비원 안에 있으면서도 도대체 '비원'이 어디 있느냐고 묻는 경우도 많다고 한다. 우리 전통 정원은 자연 그대로의 모습인 까닭이다. 일본이나 프랑스의 정원은 나무 한 그루, 풀 한 포기까지 일일이 정원사가 다듬어 모양을 꾸민다. 하지만 우리 조상들은 자연을 사람 손으로 바꾼다는 생각이 없었다. 그러니 어디까지가 정원이고 숲인지가 헷갈릴 수밖에 없다. 담양 소쇄원 같은 전통 정원도 이런 모양새로 되어 있다.

자연 속에서 평화로이 노니는 삶은 우리 조상들의 오랜 꿈이었다. 정원은 이처럼 시대와 나라별로 사람들이 품고 있던 이상적인 모습에 따라 만들어진다.

영국의 햄프턴 코트(위)와 한국의 비원(아래)
햄프턴 코트는 영국 왕실의 비밀 정원으로, 영국식 정원의 특징을 잘 보여 준다. 햄프턴 코트는 꽃과 나무를 일일이 다듬어 만든 반면, 비원은 숲인지 정원인지 구분이 안 될 정도로 자연스러운 모습이다.

리조트, 파라다이스 만들기

이제 우리 시대로 눈길을 돌려 보자. 파라다이스(paradise)는 원래 주위를 두른 아름다운 정원을 뜻하는 말이다. 지금은 '살기 좋은 이상적인 곳'을 나타내는 말로 쓰인다. 지금 사람들은 단순히 정원으로 파라다이스를 흉내 내는 수준에 그치지 않는다. 한 걸음 더 나아가 실제 생활할 수 있는 파라다이스를 곳곳에 만들어 냈다. 파라다이스는 '주위를 두른' 곳이다. 초라하고 팍팍한 일상과는 동떨어진 곳이라는 말이다. 이런 곳이 어디 있을까?

곳곳에 있는 리조트들이 그렇다. 리조트는 파라다이스처럼 '주위를 두른 곳'이다. 팍팍하고 신산스러운 일상과는 동떨어진 편안한 곳이라는 뜻이다. 탁 트인 바다와 울창한 숲, 푸른 수영장과 맛깔스런 식사 등등 심지어 고급 리조트는 평등이 이루어진 완벽한 세상을 그리기도 한다. '피아이시(PIC)'나 '클럽메드' 같은 고급 리조트에서는 아예 그 안에서 돈 쓸 일이 없다. 미리 엄청난 요금을 내는 까닭에 식사 등 모든 것이 '무료(?)'로 제공되는 까닭

외국의 유명 리조트(위)와 우리나라 찜질방(아래)
외국의 유명 리조트는 부와 젊음이라는 인간의 소망을 담았다. 우리나라 찜질방은 등 따습고 배부른 한국적 소망을 담았다.

이다. 곳곳에는 테니스 등을 같이 쳐 줄 젊고 건강한 종업원들까지 기다리고 있다. 돈에 대한 근심이 사라지고 온통 젊음으로 가득 찬 세상, 모든 인류의 소망 아니던가!

그러면서도 리조트는 어김없이 각 나라 사람들의 소망을 오롯이 담고 있다. 제주도는 공항에 내리는 순간부터 야자수가 관광객을 맞는다. 남쪽 나라의 따사로움과 평화로움을 그리는 사람들에게는 가슴이 뭉클한 순간이다. 우리나라 리조트 수영장에는 대개 야자수가 한두 그루 쯤 있다. 하지만 동남아시아 사람들도 야자수를 보며 감동할까? 그들은 되레 눈 쌓인 벌판의 고요함 속에서 기쁨을 느낄지 모른다. 미국과 일본의 디즈니랜드에 유럽식 건물이 많은 이유도 마찬가지일 터다.

우리의 찜질방도 그렇다. 찜질방은 고요하고 차분한 일본의 온천 문화와 다르게 '한국적인 파라다이스'를 그리고 있다. '등 따습고 배부른' 상태는 우리 조상들의 오랜 꿈 아니었던가. 찜질방은 이 표현 그대로의 모습이다. 뜨뜻한 바닥과 여기저기 널린 간식거리. 어디 그뿐인가? 찜질방은 소란스럽다. 가족이나 친구들과 삼삼오오 찾는 곳이 찜질방이다. 곳곳에서 왁자한 웃음소리가 오가지만 크게 눈살 찌푸리는 사람은 없다. 인간적인 따사로움과 정겨움은 우리 마음이 바라는 바니까.

풀빵 같은 리조트들 - 디스토피아가 된 유토피아

관광은 21세기에 떠오르는 산업이다. 관광 사업으로 성공하고 싶다면, 먼저 사람들이 마음에 그리는 파라다이스가 뭔지를 짚어 내야 한다. 아랍인, 유럽 인, 중국인 등 문화에 따라 사람들이 품고 있는 파라다이스의 모습은 달라진다.

한편 세상은 점점 좁아지고 있다. 모스크바, 뉴욕, 서울, 도쿄, 베이징, 어디 할 것 없이 세상은 점점 비슷해진다. 교통과 인터넷 같은 통신 수단이 발달하면서 세상이 점점 닮아 가기 때문이다. 리조트도 그렇다. 특급 호텔들을 떠올려 보자. 호사로운 카펫이 깔려 있는 로비, 수영장과 체육관 시설 등 세계 어느 곳에서나 고급 호텔들의 모습은 비슷해지고 있다. '리츠 칼튼', '홀리데이 인' 등 지역에 상관없이 똑같은 서비스를 내세우는 세계적인 체인 호텔들도 많다.

그러나 점점 똑같아지는 리조트의 모습은 되레 재앙이 되곤 한다. 복잡한 도시 생활에 치여서 자연을 찾아 떠났다고 해 보자. 아름다운 자연으로 알려진 관광지들은 어느새 도시를 닮아 버렸다. 번쩍이는 네온사인과 노래방, 피시방 ······. 도시의 '화려한 밤 문화'는 그곳까지 따라가 있다.

점점 똑같아지는 세상, 사람들은 익숙한 일상을 떠나고 싶어 더욱더 멀리, 깊은 곳으로 떠난다. 강원도 정선에서 중국의 티베트에 이르기까지 말이다. 어느새 돈의 힘은 세상과 달랐던 그곳을 점점 도시와 비슷하게 만들어 놓는다. 두바이의 특급 호텔이 강원도 골짜기에도 들어설 태세다.

유토피아란 파라다이스와 비슷하게 '이상적인, 살기 좋은 곳'을 나타내

인물과 사상 **토마스 모어와 유토피아**

토마스 모어는 영국의 정치가이자 인문주의자이다. 대학에 다닐 때 르네상스 문화 운동의 영향을 받았고, 에라스뮈스(1466~1536)와 친교를 맺었다. 대학 졸업 후 변호사가 되었고 의회에서 의석을 차지했으며, 1515년에는 네덜란드로 가, 외교 교섭에 수완을 발휘하였다. 『유토피아』는 그때의 여행 중에 쓰기 시작해 이듬해 완성했다.

유토피아라는 말은 토마스 모어가 자신의 소설 『유토피아』에서 처음 썼다. 유토피아(utopia)는 '부정(no)'을 뜻하는 그리스어 ou와 '장소'를 뜻하는 그리스어 topos를 합쳐 만든 말이다. 영어로는 'Nowhere' 또는 'Neverland'로, '어느 곳에도 없는 장소'라는 뜻이다. 『유토피아』는 가상의 이상국을 그린 공상 사회 소설로, 유토피아 문학이라는 장르를 창시하는 데 큰 영향을 미쳤다.

토마스 모어

인간이 꿈꾸던 여러가지 모습의 이상향은 비슷비슷한 휴양 시설로 바뀌고 있다.

는 말이다. 그런데 원래 유토피아(utopia)란 '어디에도 없는 곳'이라는 뜻이다. 현대의 리조트는 우리가 꿈꿨던 이상적인 마을을 정말 '어디에도 없는 곳'으로 만들고 있는 듯하다.

어디 그뿐인가? 우리가 사는 곳들도 점점 비슷해져 가고 있다. 물론 깨끗하고 편리한 생활은 모두가 바라는 바이다. 하지만 비슷한 모양새의 성원, 주차장, 욕실과 놀이터를 갖춘 집들은 점점 세상을 단조롭고 지겨운 곳으로 만들고 있다. 어쩌면 우리는 편리함과 깨끗함을 좇다가 결국 우리 사는 곳을 정말 살기 싫은 곳, 디스토피아(dystopia)로 만들고 있지는 않을까?

예전에 인류가 꿈꾸던 파라다이스의 모습은 서로 달랐다. 에덴은 무릉도원과는 다른 모습이다. 그러나 지금의 인류는 점점 똑같은 곳을 꿈꾼다. 그리고 그곳은 돈으로 살 수도, 만들 수도 있는 곳으로 바뀌고 있다. 단순해지는 세상이 두렵다면, 인류가 꿈꿨던 예전의 이상향들을 하나하나 살펴보자. 오랜 전통은 새로운 문화보다 더 깊은 울림을 준다.

111

06

스포츠 : 논두렁 골프가 대중화된다면

스포츠 산업은 날로 발전하고 있다. 하지만 거리에는 배불뚝이 아저씨들이 점점 늘어간다. 청소년 비만도 사회 문제가 되고 있다. 운동 경기만 다루는 텔레비전 전문 채널이 늘어나고, 곳곳에 스포츠 센터가 즐비한데도 왜 이런 일이 벌어질까? 스포츠가 지리적인 특성을 잃어버리면 사람들은 뛰기보다 남이 하는 것을 보는 쪽을 택하게 된다. 왜 그런지 찬찬히 생각해 보자.

개개인의 삶과 생활에 녹아 있던 스포츠는
미디어를 통한 대리 만족으로 채워지고 있다.

스포츠, 뛰지 말고 "쇼를 해라 쇼를!"

2,500년 전에도 올림픽 우승자는 영웅이었다. 우승 상품은 달랑 월계관 하나였지만, 우승자가 자기 도시로 돌아가면 사정이 달라졌다. 아테네에서는 월계관을 받은 이에게 500드라크마의 상금을 주었다. 솜씨 좋은 일꾼의 하루 일당이 1드라크마였으니, 2년 치 연봉을 한꺼번에 받는 셈이다. 어디 그뿐인가? 우승자는 영빈관에서 식사하는 영광을 누렸으며 세금도 내지 않았다.

고대 올림픽

고대 그리스 여러 도시 국가의 대표 선수들이 모여 4년에 한 번씩 열렸던 제전 경기이다. 제우스 신을 기리는 대회였으며, 경기 기간 동안에는 전쟁을 하지 않았다. 기원전 776년부터 기원후 393년까지 계속되었는데, 5일 동안 26종의 경기를 벌였다. 육상 5종 경기(원반던지기, 창던지기, 달리기, 레슬링, 멀리뛰기)가 주 종목이었고, 격투기와 승마, 전차 경기가 열렸다.

그리스에는 제전(祭典)이라는 이름의 스포츠 대회가 많았다. 4년마다 열리는 올림픽뿐 아니라, 피티아, 네미아, 이스트미아 같은 큰 제전이 있었다. 지역마다 자잘한 시합들도 꽤 많았다. 사정이 이렇다 보니 운동만 전문으로 해서 먹고사는 사람들도 생겼다. 그 숫자는 점점 늘어났다.

로마 시대에도 사정은 비슷했나 보다. 로마에는 지금의 프로 축구단 같은 '마구간 클럽'이 있었다. 사람들은 마차 경기에 열광했다. 그러나 말을 기르고 기수를 훈련시키는 데는 목돈이 들었다. 재산이 많은 사람들은 마구간 운영비를 대고 이익을 챙겼다. 지금의 구단주들처럼 말이다. 마차 팀들은 빨간색, 흰색, 녹색, 청색 등 다른 색깔의 유니폼을 입었다. 기수들은 사람들의 인기를 한껏 누렸다. 수입도 당연히 많았다.

스포츠가 인기를 끌수록 사람들은 되레 배불뚝이가 되었다. 사람들은 운동장에서 뛰고 달리려 하지 않았다. 스포츠는 눈으로 즐기는 '쇼'가 되어 갔다. 아마추어들은 경기에 뛰어들 엄두를 못 냈다. 이들은 경기에 별 재미를 못 느꼈다. 메이저 리그가 뜨면 동네 야구는 기가 죽는 법이다. 수준급 기량을 갖춘 경기자들이 즐비한데 어설픈 풋내기들이 무슨 낙으로 운동을 하겠는가.

"프로 경기자들이 있다고 도시가 잘 돌아가는 것은 아니다." 철학자 크세노파네스(기원전 560?~기원전 478?)[1]는 이렇게 읊조렸다.

우리의 모습도 2,500년 전과 별다르지 않다. 사람들은 스포츠에 열광한다. 여름에는 프로 야구와 축구에, 겨울에는 프로 농구와 피겨 스케이팅에. 그러나 거리는 배불뚝이들 천지다. 스포츠는 왜 눈으로 즐기는 '쇼'가 되어 버렸을까?

심심한 목동들의 놀이, 골프

스포츠는 원래 별 게 아니었다. 심심풀이로 하는 놀이거리, 그게 스포츠다. 바람 센 영국의 스코틀랜드 북쪽에는 풀밭이 널려 있다. 양 치던 목동들은 몰이용 막대기를 갖고 공놀이를 했다. '그린' 위에서 폼 잡고 치는 골프도 출발은 이렇게 소박했다. 스키는 눈밭을 다니기 위한 교통수단이었다. 사람들은 핀란드에서 알래스카에 이르기까지 긴 나무를 발에 매고 여기저기를 옮겨 다녔다. 고글과 스키복으로 멋을 낸 청춘 남녀가 리조트에서 즐기는 '고급 사교 클럽'같은 이미지는 원래 스키에는 없었다.

뒤엉켜 노는 강아지들은 서로를 가볍게 물고 늘어진다. 때로 도망가고 쫓아가기도 한다. 서로 해치지 않겠다는 뜻은 분명해 보이지만, 하는 동작은 사냥을 할 때나 싸울 때와 다르지 않다. 어린 짐승은 놀이를 통해 사냥 기술을 배운다.

스포츠도 마찬가지다. 원래 스포츠는 놀이이면서 일을 익히는 훈련이기도 했다. 기계 체조는 배의 발달과 관련이 있다. 평행봉이나 링 같은 체조 도구는 뱃사람들의 기구와 닮은 꼴이다. 돛을 펴는 활대 위에서 하던 뱃사람들의 놀이가 스포츠로 굳어진 형국이다. 놀이에 익숙할수록 뱃사람의 솜씨도

능숙해졌을 터다.

　지역마다 나라마다 스포츠는 놀이와 훈련의 수단으로 뿌리를 내렸다. 우리 조상들은 씨름으로 몸을 다졌다. 샅바를 잡아끄는 근육은 소의 고삐를 잡아끌 때 쓰는 힘줄과 다르지 않다. 아프리카 종족인 타라우마라 족에게는 숨이 끊어질 정도로 달리는 게 스포츠였다. 그들의 사냥법은 사슴이 지쳐 쓰러질 때까지 쫓아가는 주렵(走獵)이다. 사슴보다 더 오래, 빠르게 달렸어야 하니 놀이도 '오래달리기'일 수밖에 없겠다. 스포츠는 늘 생활과 일에 맞닿아 있었다.

알래스카 산맥(위)과 스코틀랜드 스카이 섬(아래)
스키는 원래 북부 유럽 등 눈이 많이 오는 지방에서 교통 수단으로 쓰였다. 골프는 스코틀랜드와 같이 풀밭이 널린 곳에서 심심풀이로 하던 놀이였다. 작은 사진은 스위스의 스키 경기장(위)과 골프 등을 하는 스코틀랜드의 운동 경기장(아래).

인조인간, 올림픽을 접수하다

스포츠는 전쟁과도 밀접했다. 창던지기, 원반던지기, 레슬링과 복싱, 스타디온(190미터) 달리기는 고대 올림픽의 종목들이다. 꼼꼼히 살펴보면 하나같이 싸움과 관련이 있다. 근대 올림픽에는 사격, 승마 같은 '군사 훈련'도 버젓이 들어 있다. 이쯤 되면 스포츠가 '평화의 제전'이라는 말에 고개가 끄덕여질지 모르겠다. 스포츠는 총과 칼 대신 평화적인 방법으로 누가 더 힘세고 나은지를 가리는 방법이니까 말이다.

사람 사는 세상에서 경쟁과 싸움은 피하기 어렵다. 운동 경기에서는 서로 죽기 살기로 경쟁한다. 그럼에도 상대가 목숨을 잃거나 다치기를 바라지 않는다. 이 점에서 스포츠 정신은 기사도와 통한다. 명예를 걸고 다툴 것, 예의와 우아한 매너를 지킬 것, 그러면서도 상대편을 배려할 것 등등.

하지만 스포츠는 바로 이 지점에서부터 망가지기 시작했다. 고대 올림픽에서는 아테네, 스파르타 등 여러 도시들이 명예를 놓고 경쟁을 했다. 지금의 올림픽도 다르지 않다. 각 나라는 순위와 메달 수에 아등바등한다.

대회를 여는 사람들도 경쟁을 더욱 부추긴다. 경기는 승부가 치열할수록 흥미진진한 법이다. 기량이 뛰어난 선수들이 많으면 감탄하는 관중들도 더 많이 모여든다. 그러면 광고 수입도 크게 늘어날 테다.

이런 논리로 스포츠는 점점 전문화되어 갔다. 이제는 동네 헬스클럽에서 땀 흘리던 아저씨가 올림픽에 나가기란 불가능한 일처럼 느껴진다. 세계적인 대회는 어렸을 때부터 선수로 길러진 특수 훈련을 받은 사람들만의 경연장으로 바뀌어 갔다. 일반인들은 어느덧 관중석으로 밀려나 버렸다. 스포츠가 인기를 끌수록 거리에 배불뚝이들이 많아지는 이유다.

선수들의 몸은 인조인간처럼 되어 가고 있다. 세계 기록을 넘기 위해 근육을 엄청나게 키우고 몸이 심하게 뒤트는 짓도 서슴지 않는다는 뜻이다. 피겨 선수들 가운데는 허리가 휜 사람들이 많다. 회전을 할 때 한쪽 근육을 많이 쓰는 탓이다. 투수들 가운데는 한 쪽 팔이 훨씬 긴 이들이 적지 않다. 한 쪽 팔만 너무 많이 쓰기 때문이다.

키가 2미터가 넘는 농구 선수, 몸무게 100킬로그램을 훌쩍 넘기는 씨름 선수 등, 직업적인 운동선수의 몸은 일상생활을 하기에 불편한 경우가 많다. 원래 스포츠는 생활과 일에 맞닿아 있었다. 예전에 최고의 씨름꾼은 힘센 농부이기도 했다. 최고의 궁수(弓手)는 유능한 군인이었다. 지금의 운동 경기는 일상에서 너무 멀어져 버렸다. 일류급 축구, 야구 선수들이 운동 말고 잘할 수 있는 것은 무엇일까?

무시되는 스포츠 지리학

크리켓[2]은 참 이상한 게임이다. 경기 시간부터 종잡을 수 없다. 심하면 2, 3일씩 시합이 이어지기도 한다. 어디 그 뿐인가? 비가 오면 선수들은 벤치로 들어가 버리지만 관중은 객석에 오롯이 버티고 앉아 있어야 한다.

그럼에도 크리켓은 세계적인 스포츠다. 영국이 지배했던 나라들에서 크리켓은 아주 인기 있는 경기다. 자기 차례를 기다리며 선수 대기석에서 보내는 긴 시간은 대화를 나눌 좋은 기회가 된다. 영국 특유의 티타임(tea time) 문화를 떠올리게 하는 대목이다.

우리의 자치기나 그네 타기도 '세계적인 스포츠'가 될 수 있지 않을까? '그랑프리 그네 타기 파이널', '윔블던 자치기 대회'가 불가능하리라는 법은 없다. 자치기, 그네 타기 또한 짬짬이 정감 어린 대화를 나누면서 손에 땀을 쥐는 승부를 이어 가는 '스포츠' 아닌가. 에스키모들이 한다는 트램폴린도 괜찮겠다. 트램폴린은 해마 가죽을 5미터 정도 펼친 후, 사람을 올려 태워 공중에 던지는 놀이다. 많은 사람들이 즐길 만한 재밌는 운동이다. 이런 지역

[2] 영국에서 창시된 영국의 국기(國技)이다. 11명 씩 두 팀이 교대로 공격과 수비를 하면서 공을 방망이로 쳐 득점을 겨룬다.

117

놀이들을 살려서 세계적인 스포츠로 키워도 괜찮지 않을까? 안타깝게도 올림픽 등 큰 스포츠 대회는 영국, 미국 등 힘센 나라들의 운동만을 중심으로 열릴 뿐이다.

스포츠가 세계화될수록 숱한 지역 놀이들은 자취를 감추는 모양새다. 올림픽 같은 종합 운동 대회를 열려면 무슨 경기를 할지, 어떤 규칙으로 승패를 가릴지부터 정해야 한다. 한 쪽은 주먹으로 승부를 내자고 하는데 다른 편은 발차기만 점수로 인정한다고 할 때도 마찬가지다.

우리 가운데서도 제기차기나 연날리기는 볼링이나 패러글라이딩에 비해 하찮은 놀이처럼 여기는 분위기가 퍼져 있다. '세계 ○○ 경기 연맹' 같은 근사한 단체와 숫자로 딱 떨어지는 득점 규칙이 없는 운동들은 아이들 장난 같은 느낌이 들기도 한다. 이렇게 '인정'받지 못한 지역 스포츠들은 하나하나 뒤안길로 사라지는 중이다.

그러나 지역의 스포츠가 사라질수록 배불뚝이들도 늘어난다는 것을 명심해야 한다. 오스트레일리아나 스코틀랜드의 골프장 이용료는 아주 싸다. 원래 초원이었던 곳을 골프장으로 만드는 데는 큰돈이 들지 않는다. 풀밭을 원래 상태로 유지하는 일이니 당연히 관리하기도 쉽다. 우리나라 같은 날씨에서 골프장을 만들면 어떨까? 숲을 밀어내고 풀밭을 '억지로' 만들어야 한다. 끊임없이 뿌리내리는 잡초와 나무뿌리를 없애기 위해 농약도 마구 뿌려야 할 테다.

스키는 또 어떤가? 북유럽이라면 알프스 산자락에 쌓인 눈에서 스키를 타면 된다. 더운 나라에서는 억지로 눈을 만들어서 '스키장'을 열어야 한다. 빽빽한 숲을 밀어내야 함은 물론이다.

물이 많은 곳에서 수영이 발달하고, 말을 많이 타는 곳에서 승마 경기가 발전하는 것은 당연하다. 하지만 어떤 지역의 스포츠가 세계로 퍼져 나가면 무리가 따르기 마련이다. 원래 놀이란 지역 날씨에 걸맞는 일을 손쉽게 얻

지역 스포츠로 세계 대회가 열린 다면 무척 재미있을 것 같다.

을 수 있는 도구로 하게 되어 있다. 반면 세계적인 스포츠는 엄청난 돈과 시간을 투자해야 한다. 골프를 치고 수영을 배우는 일은 자치기나 씨름할 때보다 훨씬 더 많은 돈이 든다. 이렇게 스포츠는 돈이 있어야 즐기는 활동이 되어 버렸다. 장비는 좀 비싼 게 아니다. 운동에 필요한 돈을 벌기 위해서는 열심히 일해야 한다. 그러다 보면 지쳐서 운동할 짬을 놓쳐 버린다. 그렇게 스포츠는 생활에서 점점 멀어진다. 헬스클럽은 늘어나지만 비만은 늘어나고, 직접 운동하기보다는 텔레비전으로 경기를 보는 쪽을 택하는 사람들이 많은 까닭은 여기에도 있다.

논두렁 골프가 대중화된다면

1936년, 베를린 올림픽을 보던 쿠베르탱(1863~1937) 남작은 한숨지었다. "이미 우리가 꿈꿨던 올림픽은 어딘가로 가버렸다."라고. 히틀러(1889~1945)

는 올림픽을 독일 민족이 얼마나 뛰어난지 보여 주는 수단으로 삼았다. 대회는 아주 화려하게 열렸고 경기도 흥미진진했지만, 스포츠에서 정작 중요한 건강한 몸과 따뜻한 마음은 없었다. 각 나라 선수들은 승리를 위한 '승부 기계'와도 같았다. 경기를 보는 사람들도 자기 나라가 세계에서 몇 번째인지에 관심을 가졌을 뿐이다.

철학자 러셀(1872~1970)도 세계 기록을 놓고 벌이는 경쟁을 달갑게 여기지 않았다. 러셀은 전문 선수들끼리의 기록 다툼은 인류가 신체 건강을 잃어버렸다는 증거일 뿐이라며 안타까워했다. 정말 바람직한 스포츠는 사람들의 눈만 만족시키지 않는다. 직접 나가서 뛰며 흘리는 땀을 즐기게 만든다. 이런 스포츠는 주변에서 쉽게 찾을 수 있는 놀거리들이다. 그림 같은 잔디 위에서의 멋진 티샷보다, 텅 빈 겨울 논밭에서 막대기로 '한국식 골프'를 칠 수는 없을까? 곳곳에 널린 찜질방에서 가족, 친구들과 함께 할 만한 놀이를 개발할수는 없을까?

1회 근대 올림픽

1896년 아테네에서 1회 근대 올림픽이 열렸다. 13개국에서 280여 명의 선수가 참가했다. 사진은 왼쪽부터 시계 방향으로 근대 올림픽 창시자 쿠베르탱 남작, 아테네 판아테이아 스타디움, 아테네 올림픽 포스터.

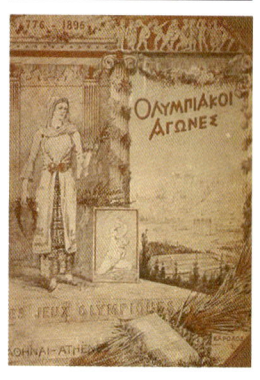

스포츠는 누구나 쉽게 하는 놀이일 때 사람들의 몸과 마음을 건강하게 한다. 스포츠를 텔레비전 밖으로 끄집어내기 위해, 지역 특유의 놀이들을 발굴해야 할 때다. 스포츠 지리학의 연구는 그래서 필요하다.

인물과 사상 **버트런드 러셀과 사회 운동**

영국의 철학자, 수학자, 사회 운동가, 교육자이다. 영국 수상을 두 차례 지낸 정치가 존 러셀 경의 손자이기도 하다. 1890년, 케임브리지대학 트리니티칼리지에 입학하여 수학과 철학을 공부했다. 1910년 논리학과 수학에 큰 영향을 끼친 『수학 원리』를 발표하여 이름을 얻었다. 1차 세계 대전 때는 전쟁에 반대했다가 트리니티칼리지의 강사 자리를 잃었다. 이때부터 그는 활발하게 사회 운동에 뛰어들었다. 1955년에는 핵무기의 위험성을 알리는 연설을 하기도 했고, 88세에 미국과 소련의 핵무기 경쟁을 막기 위해 시민 불복종 운동을 펼치기도 했다. 활발한 사회 참여의 공로로 노벨 평화상을 받기도 했다. 『수학 원리』를 비롯하여, 『철학의 문제』(1912), 『나는 왜 기독교인이 아닌가』(1927) 등, 평생 동안 70권 이상의 책과 2,000편 이상의 글을 썼다.

버트런드 러셀

지식의 사슬

도시의 모양새는 한 사회의 얼굴이다. 우리는 자연환경을 살기 좋게 바꾸고, 주변을 취향에 맞게 가꾼다. 그러는 가운데 우리의 개성과 역사가 도시에 오롯이 스며든다. 사회의 가치관과 철학과 역사가 땅에, 사는 곳에 새겨지는 셈이다. 도시는 인문 지리의 핵심 주제 가운데 하나다. 도시 설계, 교통수단 등 도시를 바꾸는 요소를 통해 인간 삶의 여러 모습들을 조목조목 고민해 보자.

Museo dell'Opera del Duomo

01 도시 설계 : 도시는 광고판이다?

조선이 생길 무렵, 정도전(1342~1398)은 한양을 자로 잰 듯 깔끔하게 만들어 놓았다. 하지만 한양은 점점 망가져 갔다. 아무 데나 시장이 들어서고 길도 뒤틀리고 좁아졌다. 인구가 너무 늘어서 도시 계획의 원칙만 따지기 힘들어진 까닭이다. 그렇다고 한양이 사람들에게 살기 싫은 곳이었을까? 평양, 옛 소련의 모스크바 등 독재자들이 다스리는 나라의 수도는 대개 번듯하고 깨끗하다. 그러나 사람들은 그런 곳보다 되레 지저분한 파리의 뒷골목에서 매력을 느낀다. 도시 설계를 통해 사람 사는 곳의 분위기를 읽어 보자.

밀랍으로 만든 날개를 달고 태양까지 오른 이카루스처럼 인간은 기술을 이용해 더 높은 곳에 오르고 싶어 한다.

베를린, 평양, 그리고 장안.
세상에서 가장 웅장한 도시는?

독일의 독재자 히틀러는 수도 베를린을 완전히 뜯어고치고 싶었다. 모든 것이 크고 웅장해야 했다. 그는 프랑스의 수도 파리에 있는 샹젤리제 대로[1]의 길이와 넓이를 완전히 꿰고 있었다. 자존심에서 밀릴 수는 없는 법! 베를린을 가로지를 거리의 폭은 샹젤리제의 두 배는 훨씬 넘어야 했다. 거리 한 가운데는 높이 200미터, 지름 259미터에 이르는 거대한 돔으로 된 행사장이 자리 잡을 터다. 그 앞에는 100미터 크기의 개선문을 놓을 생각이었다.

히틀러는 베를린이 '거대한 군중집회의 행사장일 뿐 아니라…… 종교적이면서도 마법적인 효과까지 내기를' 바랐다. 사람들이 베를린을 보며 나치의 위대함에 감동받기를 바랐다는 뜻이다.

히틀러의 꿈은 실현되지 못했다. 2차 세계 대전이 한창이었기에, 도시를 뜯어고치는 데 쓸 힘이 없었던 탓이다. 하지만 웅장한 베를린을 못 보게 되었다고 아쉬워할 필요는 없다. 세상 곳곳에는 히틀러만큼이나 야심에 찬 권력자들이 만든 기념비 같은 도시들이 많다.

평양만 해도 그렇다. 평양은 북한을 자랑하는 광고판 같은 도시다. 북한의 도시 설계사들은 아예 대놓고 '도시는 사상 교양의 장'이라고 말한다. 김일성광장, 인민대학습당, 대동강, 주체사상탑으로 이어지는 거리는 평양의 중심축이다. 김일성광장의 크기는 7만 5,000제곱미터에 달한다. 인민대학습당은 300만 권의 책을 보관할 만큼의 크기이며, 주체사상탑의 높이는 170미터에 이른다. 히틀러가 꿈꾼 베를린에 크게 뒤지는 규모가 아니다.

1 개선문이 있는 드골 광장에서 콩코르드 광장에 이르는 직선 도로로, 양쪽에는 마로니에, 플라타너스 등 가로수와 호텔·고급 상점·카페 등이 줄지어 있으며, 대통령 관저로 사용되는 엘리제 궁전을 비롯하여 산책로가 있는 공원이 있다. 파리의 낭만적인 분위기를 상징하는 거리로, 샹송으로도 유명하다.

주체사상과 주체사상탑

주체사상은 북한의 김일성(1912~1994)이 1967년에 발표한 내외 정책의 기본 방침이다. 정치 면에서의 자주(自主), 경제 면에서의 자립(自立), 국방 면에서의 자위(自衛)를 중심 내용으로 하는데, 이를 통하여 김일성의 지배 체제가 한층 강화되었다.
주체사상을 상징하는 주체사상탑은 평양 대동강 기슭에 있는 석탑이다. 1982년 김일성의 70회 생일을 맞아 주체사상을 기념하기 위하여 건립되었다. 탑의 몸체는 2만 5,500개의 화강암을 70단으로 쌓았는데, 김일성의 70회 생일과 70년의 일수를 나타낸다. 탑 정면에는 「누리에 빛나라 주체사상이여」라는 헌시비와 노동자·농민·지식인을 표현한 높이 30미터의 군상이 세워져 있다.

2 중국 산시 성 시안 시[西安市]의 옛 이름이다. 한나라·당나라 때 도읍지였던 곳으로, 뤄양[洛陽]에 견주어 서도(西都) 또는 상도(上都)라고도 한다.

아직 놀랄 때가 아니다. 시대를 거슬러 올라가 보자. 7세기부터 10세기까지 대제국을 이루었던 중국 당나라의 수도 장안[2]을 보라. 그 옛날 지어진 도시였는데 도성을 감싸는 성벽의 길이만 동서 10킬로미터, 남북 9킬로미터가 넘었다. 서울의 세종로 같은 중앙 대로의 폭은 150미터에 이르렀다. 그런 길이 동서 양쪽으로 두 개가 더 있었다. 대로 하나의 길이는 무려 8킬로미터! 길의 규모만 이 정도였으니, 건물의 스케일이 얼마만큼 컸을지는 각자 상상해 보시라.

중국 황제들은 무대 디자이너들?

권력자들은 왜 도시를 크고 웅장하게 만드는데 매달렸을까? 민주적으로 높은 지위에 오른 이들은 기념물에 집착하지 않는다. 자신이 왜 권력을 쥐고 있는지를 설명할 이유가 없는 탓이다. 하지만 우격다짐으로 권력을 손에 쥔 사람들은 다르다. 이들은 자신들의 위대함과 통솔력을 끊임없이 보여 주어야 한다. 안 그러면 불만을 품은 시민들이 금세 들고 일어날 것이다.

크고 멋진 도시는 조바심 나는 권력자들의 광고판과 같다. 중국의 황제들은 뛰어난 '무대 디자이너'들이었다. 왕도(王都)는 그 자체로 자신들의 권력이 하늘에서 나왔음을 보여 주기 위한 연출이다. 중국의 수도는 대부분 네모 모양이다. 이는 '땅은 네모이고 하늘은 둥글다.'[3]는 믿음에 따른 결과다. 나아가 황제가 사는 궁궐은 '우주의 중심'이었다. 궁궐 앞으로 넓게 트인 도로는 태양이 움직이는 하늘의 길을 따라 뚫었다. 그러니, 황제에게 맞서는 일은 곧 우주에게 대드는 것과 마찬가지의 느낌을 주었을 테다.

3 한자로 천원지방(天圓地方)이라고 한다. 중국 진나라 때의 『여씨춘추전』에 나오는 말이다. 중국에서 황제가 하늘에 제사를 올리던 제단인 천단은 이 천원지방 사상을 담고 있다.

다른 권력자들은 커다란 종교 건물을 짓는데 매달렸다. 얼마나 많은 왕들이 절이나 성당, 교회를 짓는데 힘을 기울였는지 떠올려 보라. 오래된 서양 도시 한복판에는 커다란 성당이 있기 마련이다. 이슬람 도시에도 커다란 사

시안(옛날의 장안) 시가지
시안은 당나라 때 건설한 도시의 틀을 유지하고 있다. 당시 도시의 규모가 얼마나 컸을지 짐작할 수 있다.

원들이 자리 잡고 있다. 이렇듯 신한테 충실한 왕을 배신하기란 얼마나 불경한 일이었겠는가. 오랜 도시의 랜드마크 가운데 교회나 절이 많은 데는 이런 까닭도 있다.

이 점은 한양도 마찬가지다. 한양의 랜드마크 격인 사대문과 종각의 이름을 살펴보자. 흥인지문(興仁之門, 동대문), 돈의문(敦義門, 서대문), 숭례문(崇禮門, 남대문), 홍지문(弘智門, 북문), 그리고 한양 한복판에 자리 잡은 보신각(普信閣, 종각)까지……. 이름에서 가운데 글자만 따서 모아 보자. 인의예지신(仁義禮智信), 유교에서 내세우는 기본 도덕 틀이다. 이처럼 한양에 터 잡은 조선의 태조(재위 1392~1398)는 수도 자체를 '도덕'으로 만들어 버렸다. 이렇듯 경건한 왕에게 맞서는 일은 유교 윤리 자체에 대해 시비를 거는 것만큼이나 위험할 터다. 도시의 모습과 랜드마크들은 권력자가 내세우는 가치관을 보여 주는 광고판과 같다.

4 고대 그리스 아테네의 정치가이자 군인이다. 파르테논 신전을 세우고 민주 정치를 발전시켜 아테네를 그리스의 정치적·문화적 중심지로 만들었다.

페리클레스(기원전 495~기원전 429)[4]는 아테네 꼭대기에 파르테논 신전을 지었다. 당연히 엄청난 돈이 들어갔다. 건축비는 그리스 각지의 여러 도시들에서 나왔다. 도시들의 불만은 하늘을 찌를 듯 했다. 하지만 길게 보았을 때, 파르테논 신전은 아테네에게 '남는 장사'였다. 파르테논 신전은 아테네를 문화 도시로 끌어올렸다. 2,500여 년이 흐른 지금까지도 파르테논 신전은 아테네의 상징처럼 여겨지고 있다. 숱한 관광객들이 설렌 가슴으로 파르테논을 찾아온다. 그들이 떨어뜨리고 가는 돈 역시 엄청나다.

도시가 주는 느낌은 그 자체로 경쟁력이다. 똑같은 제품이라도 MILANO(밀라노), PARIS(파리), LONDON(런던)이라는 꼬리표가 달려 있으면 훨씬 고급스러워 보인다. 권력자들이 자신들의 도시에 들인 노력은 알게 모르게 도움이 된다. 파리의 개선문, 런던의 런던탑 등등은 도시의 이미지를 새기는 데 큰 역할을 하고 있지 않던가. 이런 커다란 건축물들은 권력자들의 필요와 의지를 등에 업지 않고서는 좀처럼 만들지 못하는 것들이다.

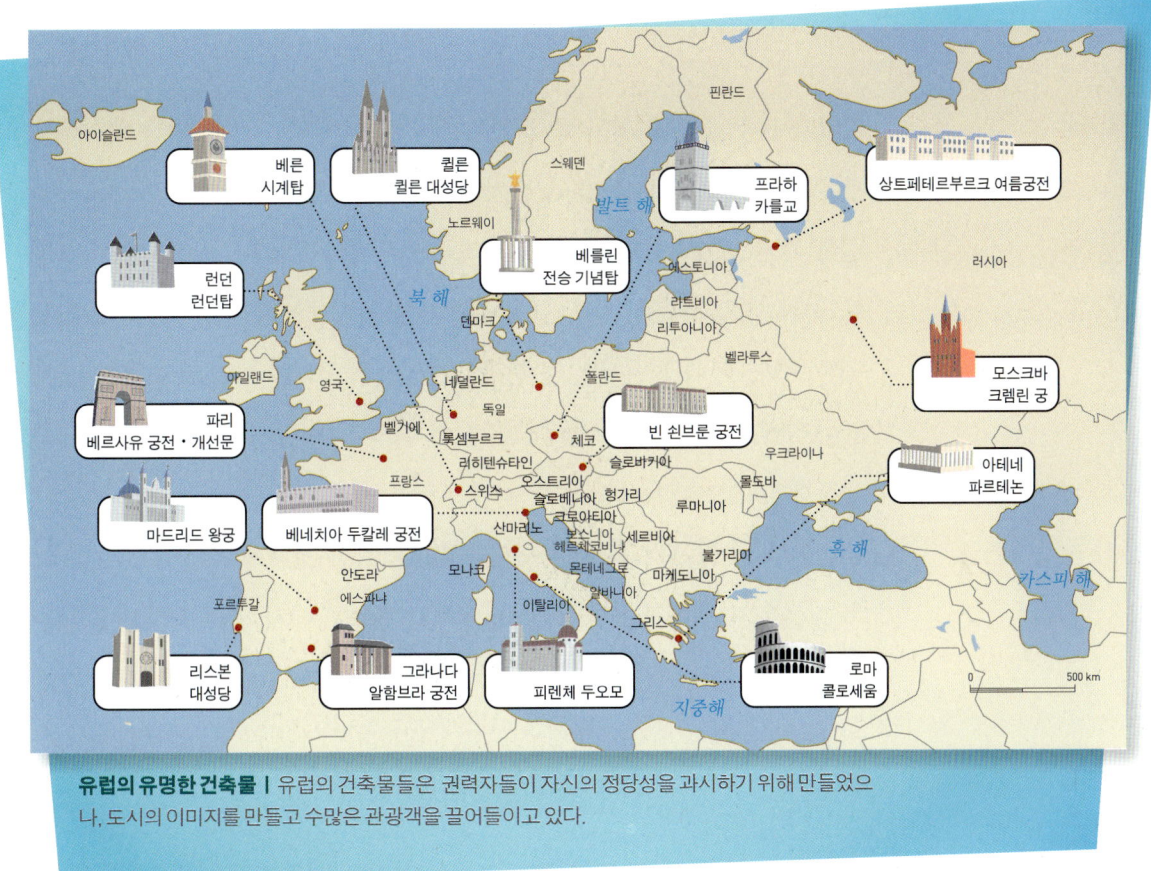

유럽의 유명한 건축물 | 유럽의 건축물들은 권력자들이 자신의 정당성을 과시하기 위해 만들었으나, 도시의 이미지를 만들고 수많은 관광객을 끌어들이고 있다.

에펠탑과 개선문이 파리에 없다면

질문을 던져 보자. 당신은 평양에서 살고 싶은가, 파리에서 살고 싶은가? 특별한 취향이 아니라면, 평양을 택할 이들이 많아 보이지는 않는다. 김일성 광장과 천리마동상, 주체사상탑과 창광거리와 대동강이 아무리 웅장할지라도 선뜻 마음이 끌리지 않는다. 왜 그럴까?

만약 에펠탑과 개선문이 없어도 파리에 살고 싶을까? 대답은 대부분 '그렇다'일 것이다. 파리의 랜드마크가 사라진다 해도 파리는 여전히 패션과 낭만이 숨 쉬는 도시다. 숭례문이 불타 버렸어도 서울은 여전히 생생하고 활기 넘치는 도시인 것처럼.

장안을 '국제 도시'로 만든 것은 숱한 절들과 엄청난 규모의 성곽들이 아니었다. 장안을 당시 최고의 도시로 만든 것은 거리에 흘러넘치는 활기였다. 폭 150미터로 8킬로미터를 죽 뻗어 나가는 길은 보기에 멋있다. 그러나 이런 길이 과연 살기에도 편할까? 장안의 주작대로(朱雀大路)는 눈요깃감이었을 뿐, 정작 사람들의 발길은 뒷골목으로 향했다. 평양의 중심가에는 상가 대신 높은 아파트들이 들어서 있다. 북적이는 상가는 좀처럼 눈에 띄지 않는다. 사람이 그렇게 많이 살면 가게들도 많아야 한다. 언뜻 보기에도 깔끔한 평양은 살갑게 다가오지 않는다.

오래된 이슬람 도시들은 꾸불꾸불하고 좁은 골목길로 악명 높다. 파리의 뒷골목도 악취 풍기고 다니기 불편하기로는 그다지 달라 보이지 않는다. 오랜 도시들의 매력은 바로 이런 데서 나온다. 한국에 온 외국인 관광객들은 건물이 높다랗고 깨끗한 강남 거리보다 북적이는 남대문시장 골목과 어지러운 명동의 거리에서 서울의 색채를 더 강렬하게 느낀다. 크고 깨끗한 쇼핑몰은 잘사는 도시라면 전 세계 어디에 가도 있다. 그러나 남대문시장 특유의 활기는 서울 남대문시장에만 있다.

장소성, 옛 도시만의 매력

한양은 완벽한 계획도시였다. 큰 강인 한강을 앞에 끼고, 뒤에는 북한산을 둘렀다. 경복궁을 중심으로 오른쪽에는 조상을 모시는 종묘, 왼쪽에는 곡식과 땅의 신을 섬기는 사직단을 놓았다. 궁궐 앞에서 남대문까지는 큰 도로를 닦았다. 길을 따라서 관청과 상가가 가지런히 자리 잡았다. 지금으로 치면 쇼핑과 업무 공간이 어우러진 '복합 쇼핑몰'이라 할 만한 거리다. 600년 전 한양은 이처럼 완벽한 설계에 따라 만들어진 이상 도시였다.

그러나 한양도 결국은 망가졌다. 힘센 임금이었던 영조(재위 1724~1776)

도 '그린벨트'처럼 정해 놓은 서울 주변 산에 밀려드는 개발 요청을 뿌리치지 못했다. 나무를 베지 말고 묏자리를 쓰지 말라는 역대 임금들의 눈 부라림도 소용없었다. 사람들은 꾸역꾸역 한양으로 몰려들었고 곳곳을 일구며 자리 잡았다. 조선 말의 한양 사진을 보면, 성곽 바로 밑까지 초가집이 들어선 모습을 볼 수 있다.

그렇다고 해서 한양의 매력이 사라졌을까? 오히려 지금 서울의 맛깔스러움은 서민적인 모습을 품게 된 한양의 모습에서 이어지고 있지 않을까?

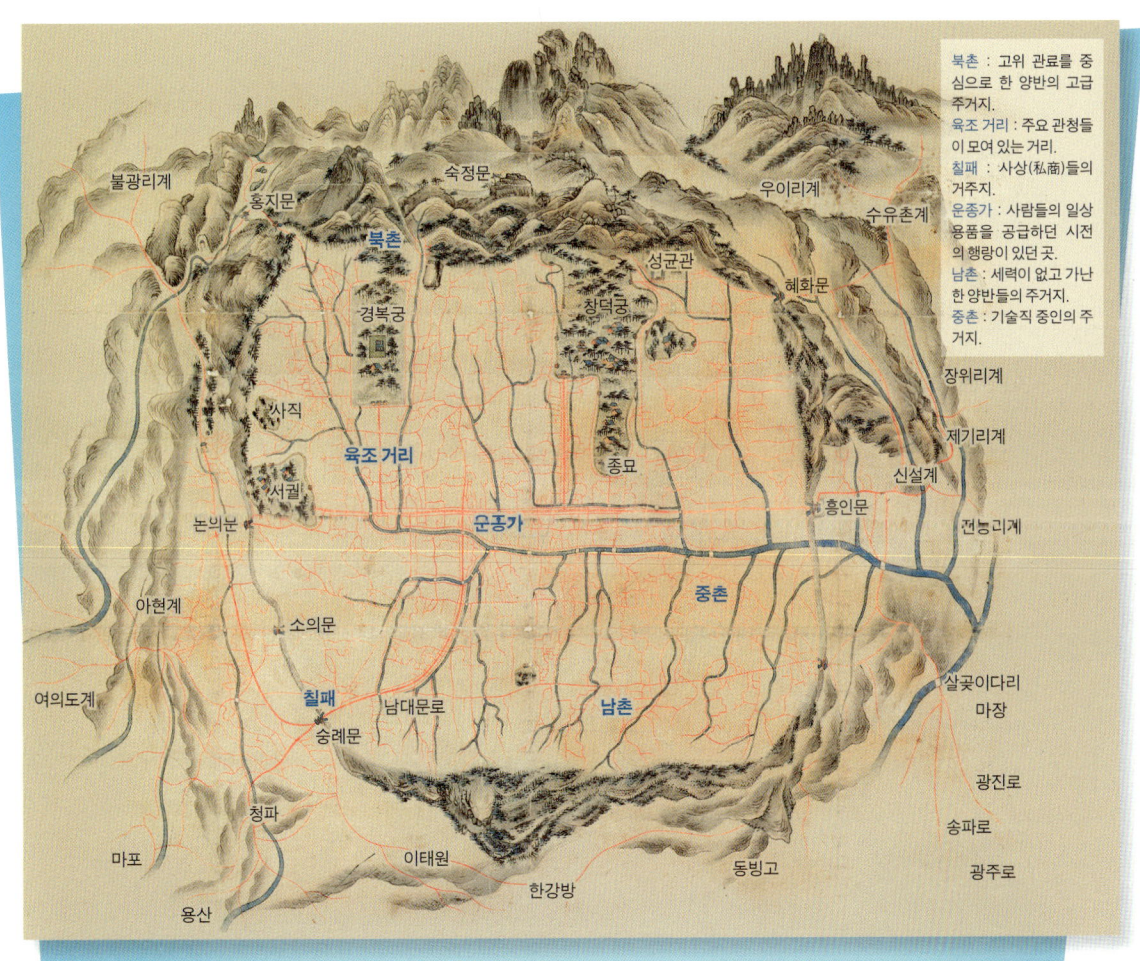

북촌 : 고위 관료를 중심으로 한 양반의 고급 주거지.
육조 거리 : 주요 관청들이 모여 있는 거리.
칠패 : 사상(私商)들의 거주지.
운종가 : 사람들의 일상 용품을 공급하던 시전의 행랑이 있던 곳.
남촌 : 세력이 없고 가난한 양반들의 주거지.
중촌 : 기술직 중인의 주거지.

18세기 한양 | 원래 한양은 도성 안을 가리키나, 넓게는 성저십리(城底十里, 성밖 10리)를 가리키기도 했다. 하지만 도성 안을 벗어나면 자연 훼손하는 금하는 금표(禁標)가 있어서 마을이 발달할 수 없었다. 그러나 18세기 후반 서울의 인구가 급격히 증가하자 곳곳에 마을이 들어서고, 한강 연안의 마포·용산·뚝섬 등의 마을이 커졌다.

학자들은 '장소성(character of place)'이라는 말을 크게 생각한다. 장소성이란 '바로 그 곳'만이 지니는 매력을 말한다.

예를 들어 보자. 누추한 한옥이 한 채 있다. 이 건물에 충무공 이순신이 머물렀다면 어떨까? 갑자기 눈이 퍼뜩 떠지면서 건물이 다시 보일 터다. 파리가 매력적인 이유는 바로 '장소성'에 있다. 파리의 옛 시가에는 나폴레옹 시대(1799~1815) 때 건물들이 그대로 서 있다. 광장에서 목 잘리는 루이 16세(재위 1774~1792)[5]를 그린 그림을 찾아보기 바란다. 그리고 파리의 해군성 건물을 찾아보라. 배경 건물과 광장 풍경이 300년 전이나 지금이나 조금도 다르지 않음을 쉽게 알 수 있다.

그러니 파리의 평범한 뒷골목들도 숱한 이야기들을 품고 있을 수밖에 없다. 곳곳이 사르트르(1905~1980)나 볼테르(1694~1778) 같은 유명한 사상가

[5] 프랑스 부르봉 왕조의 왕이다. 절대 왕정을 대신하는 입헌 군주제 수립을 추진하던 중 프랑스혁명이 일어나 시민군의 감시 아래 처형되었다.

화려한 도시의 거대 건축물과 오래된 이순신 장군의 생가는 장소성 면에서 분명 다르다.

이순신 장군 생가

들이 머물렀던 곳이고, 로댕(1840~1917) 같은 예술가들이 숨 쉬던 곳이다. 나폴레옹(재위 1804~1815)이 활개 치고 파리를 점령한 히틀러가 에펠탑을 바라보며 사진 찍었던 곳곳의 풍경이 지금도 그 모습 그대로 남아 있다.

이런 장소성은 오래된 도시가 지닌 가장 큰 '밑천'이다. 크고 멋진 건물과 웅장한 시가지는 돈만 있으면 만들 수 있다. 그러나 오랜 세월과 문화가 주는 장소성은 결코 억만금을 준다 해도 살 수 없다.

왜 디즈니랜드의 건물들에는 쉽게 싫증이 날까

안타깝게도 우리는 '장소성'이 주는 매력을 잊어버리고 산다. 세계의 도시들은 점점 비슷해져만 간다. 커다란 쇼핑몰과 크고 높다란 최첨단 건물들, 바둑판 같이 늘어선 도로와 바둑알 같이 점점이 박힌 집과 아파트, 과연 각 도시마다의 장소성은 어디에 있는가?

지방 자치의 시대, 우리나라의 도시들도 자신들을 뽐낼 랜드마크를 만드는 데 조급하다. 오래된 시가지들은 '재개발'되어, 깨끗하고 멋진 건물과 공원이 곳곳에 들어서고 있다. 서울만 해도 '흉물'인 세운상가[6]가 곧 사라진다고 한다. 60년대 최고의 '작품'이었던 건물이지만, 사라지는 '상가 건물'에 애착을 느끼는 이들은 많지 않다.

숱한 이들의 땀과 세월이 묻어 있음에도, 이를 개의하는 사람은 없다. 수십 년 전 세워진 오래된 건물들은 쉽게 재개발되어 사라져 버린다. 그렇게 숱한 거리들과 건물들이 스러져 버렸다. 그와 함께 곳곳에 쌓여 있던 장소성도 날아가 버렸다. 더 이상 우리는 소설가 이상(1910~1937)이 『날개』에서 그린 미쓰코시 백화점(지금의 신세계 백화점)에서 바라본 서울을 찾을 수 없다.

고층 건물이 즐비하고 화려한 쇼윈도가 많아지면, 도시는 더 매력적이고 살기 좋은 곳으로 바뀔까? 파리와 런던은 오래되고 불편한 도시다. 인도의 델

6 서울 종로구 종로 3가와 퇴계로 3가 사이에 있던 상가 단지이다. 1968년에 우리나라 최초의 주상 복합 건물로 완공되어 종합 가전제품 상가로 호황을 누리기도 했지만, 점차 쇠락하여 2008년부터 단계적으로 상가를 철거했다. 현재 세운상가 자리에는 대규모 녹지를 만드는 중이다.

리는 어지럽고 정신없다. 그래도 이 도시들에는 사람을 강하게 *끄는* 그 무엇이 있다. 장소성은 하루아침에 만들어지지 않는다. 지금 만들어진 '뉴타운'들과 멋진 랜드마크들이 나름의 풍취를 만들려면 그만큼의 세월이 필요하다. 500년 된 피사의 사탑은 볼 때마다 감동을 주지만, 디즈니랜드의 조각품들은 한번 보고 나면 끝이다. 새롭게 짓고 만드는 일만큼이나, 오래된 것을 지키고 보존하는 것도 중요하다.

피사의 사탑

이탈리아 피사 대성당에 있는 종루이다. 1173년에서 1350년에 걸쳐 세워졌다. 8층의 둥근 탑으로, 공사 중에 지반이 내려앉아 기울기 시작하여 차차 그 경사도가 심해지고 있다.

134

미쓰코시 백화점(왼쪽 건물)
1906년 일본의 미쓰이 재
벌이 서울 충무로 1가에 미
쓰코시 백화점 지점을 열었
다. 이상은 『날개』에서 미
쓰코시 백화점 옥상에서 날
고 싶다고 적었다. 오른쪽 건
물은 조선저축은행이다.

02 길과 도시 : 넓은 도로, 빈부 격차를 키우다

넓고 빠른 도로를 이용하기 편한 동네는 집값도 비싸다. 그러나 한편에서는
일부러 도로를 좁고 불편하게 하느라 난리다. 선진국의 큰 도시들은 하나같이
'걷고 싶은 도시'를 만들자고 소리를 높인다. 찻길의 폭을 줄이고 주차장도
없애는 식으로 말이다. 이렇게 되면 도심으로 들어가기가 여간 불편하지 않다.
그럼에도 왜 불편한 도시를 만들려고 할까? 그 이유를 생각해 보자.

가지 끝까지 영양분이 공급되면 열매가
맺힌다. 길과 도시의 관계도 이런 관점에서
생각해 볼 수 있지 않을까.

마을은 길 막히는 곳에 자리 잡는다?

꽉 막힌 도로, 차들은 굼벵이 걸음이다. 에어컨이 시원찮아 더위까지 밀려든다면 정말 '짜증 지대'로다. 다행히도 이럴 때마다 나타나는 '천사(?)'들이 있다. 한 손에는 아이스크림, 다른 한 손에는 얼음 통. 장사꾼들이다. 막힌다 싶으면 그들은 어김없이 차 사이를 비집고 들어온다. 자동차로 늘 미어지는 길목에는 '호두과자', '천 원에 두 개' 등등의 글을 요란하게 붙인 트럭까지 떡 하니 자리 잡고 있다.

장사에는 목이 중요하다. 사람 가득한 곳에 판을 벌려야 한다는 말이다. 그냥 사람만 많아서도 안 된다. 아침 출근길에 장사 잘되는 가게는 드물다. 지각 걱정에 성마르게 달리는 길, 벌려 놓은 물건이 눈에 들어올 리 없다. 걸음이 느려지고 생각도 느슨해져야 주변에도 관심이 돌아가는 법이다(75쪽 참조).

장사의 이치는 마을이 들어서는 데도 통한다. 사람 발길 닿지 않는 곳에 마을이 생기기란 쉽지 않다. 마을은 대개 길을 따라 생긴다. 특히, 길끼리 맞닿아 사람이 많이 꼬이는 곳에 자리 잡기 쉽다. 도로는 대개 길이 맞닿는 나들목에서 막힌다. 그런 곳에 상인들이 모여드는 것처럼, 마을도 그런 위치에 자리 잡는다.

길이 아예 없어져 버리면 어떻게 될까? 상인들도 자취를 감출 터다. 마을도 그렇다. 갑자기 댐이 생겨서 길이 사라졌다 해 보자. 마을도 대부분 같이 스러져 버린다. 길이 널찍하게 트이면 조용했던 마을도 붐비기 시작할 테고. 길은 나무의 줄기와 같다. 쭉쭉 뻗은 줄기에 꽃이 피고 열매가 맺히듯, 길이 펼쳐 나가는 곳은 생기가 돌고 사람들로 북적인다. 마을은 길이라는 줄기에 매달려 무르익는 열매다.

137

길, 도시의 보디가드

거꾸로 마을은 길이 사라지지 않게 지켜준다. 처음에는 길이 있어서 마을이 들어섰지만, 나중에는 마을 때문에 길이 필요하게 된다. 우리나라 옛 도로를 예로 들어 보자. 중국과 가까웠던 옛날에는 의주에서 서울을 잇는 길이 요긴했다. 그 가운데 있던 평양이 언제나 으뜸가는 도시였던 까닭이다. 그러다가 일본이 우리 땅을 차지하면서부터는 부산과 서울을 잇는 영남로(嶺南路)가 중요해졌다. 부산은 일본과 우리 땅을 잇는 주요 항구였기 때문이

일제 때 우리나라 교통로와 부산 시가지 | 일본은 조선을 침략하면서 서울과 부산을 잇는 철도를 먼저 놓았다. 철도 노선이 지나가는 곳은 큰 도시가 되기도 하고, 철도 노선이 지나가지 않는 도시는 쇠퇴하기도 했다. 왼쪽 지도는 1910년에 간행된 『조선 교통 전도』, 오른쪽은 일제 때 부산 시가지 모습이다.

다. 서울과 부산을 이은 철도는 대전, 대구, 경주도 큰 도시로 키워 냈다. 하나같이 서울과 부산의 철길을 따라 들어선 도시들이다.

일본이 물러나자 부산의 위치는 약해졌다. 더욱이 지금은 일본보다는 중국이 더 중요하게 다가오는 시대다. 그럴수록 서해안 도시들에게 점점 더 관심이 쏠리고 있다. 그럼에도 군산이나 서산 같은 도시들에 부산만큼 많은 사람들이 모여들 기미는 보이지 않는다. 왜 그럴까?

이미 잘 닦인 길은 사람들을 좀처럼 놓아주지 않는다. 교통이 편한 곳은 살기에도 좋다. 길 따라 모여든 인구는 그 자체로 사람들을 붙잡아 두는 구실이 된다. 큰 도시에서는 일자리를 구하기 쉽다. 학교도 많아서 아이들을 키우기도 좋다.

이쯤 되면 도시가 길에 보답할 차례다. 길이 도시를 크게 키워 냈다면 거꾸로 도시는 길을 지켜 준다. 인구가 많으니 나다니는 사람도 많을 테다. 여전히 북적이는 도로를 넓히고 잘 다듬자는 목소리도 힘을 받는다. 도시가 길의 '보디가드'가 된 셈이다. 넓어지고 튼튼해진 길은 또 다시 도시로 사람들을 모은다. 그렇게 넉넉해진 도시는 두둑한 보답을 보디가드인 길에게 내 줄테고.

길, 도시를 빨아들이는 진공청소기!

그러나 뭐든지 지나치면 되레 해가 되곤 한다. 길도 그렇다. 인구가 늘고 사람들이 복작일수록 넓고 빠른 길을 바라는 마음도 커지기 마련이다. 서울과 부산을 잇는 길만 해도 그렇다. 좁은 국도는 고속 도로로, 고속 도로는 다시 상당한 구간이 8차선으로 바뀌었다. 그래도 아쉬운 소리는 잦아들지 않는다. 철도도 비행기만큼 빠른 고속 철도로 바뀌었다. 그럴수록 서울, 부산을 연결하는 길목에 있던 도시들도 덩달아 커져만 갔다.

하지만 넓어지고 편해진 길이 이제는 되레 도시를 죽이고 있다. 부산의 인구는 2000년 380만 명을 최고로 매년 1퍼센트씩 줄어들고 있다. 대구나 경주도 인구가 적어지기는 마찬가지다. 그렇게 빠져나간 사람들은 어디로 갔을까? 다 서울과 수도권으로 갔다. 이제 천만이 모여 살던 서울은 의정부에서 수원에 이르기까지 넉넉하게 인구를 나누어 주고 있다.

편리한 교통이 다른 도시들을 죽이고 있는 셈이다. 부산에서 고속철도를 타면 3시간도 안 걸려 서울역 근처 백화점에 와서 쇼핑을 하는 세상이다. 이 정도면 버스로 두어 시간 걸리는 부산 시내 백화점을 가느니 차라리 서울의 명품가를 가겠다는 소리가 나올 만하다. 빨라진 길을 따라 인구는 좀 더 큰 도시로 빨려 나간다. 도시와 마을을 키웠던 길이 이제는 진공청소기가 되어 크고 작은 마을들을 하나씩 삼키고 있다.

이는 우리나라만의 문제가 아니다. 자기네 공항과 항구가 세계의 허브가 되기 위해 목매다는 나라가 적잖다. '지구촌'이라는 말이 어색하지 않은 요즘이다. 비행기로는 하루면 세계 어디든지 다다를 수 있다. 배로 화물을 실어도 도착하는 데 한 달 이상 걸리는 곳이 드물다.

빨라진 뱃길과 하늘길은 가장 크고 강한 도시로 세계를 빨아들이고 있다. 서울과 중국의 베이징이 경쟁을 한다면 누가 이길까? 서울과 일본의 도쿄가 경쟁한다면? 부산 백화점과 서울 백화점이 고객을 놓고 다투는 시대다. 길이 더 빨라져 서울과 뉴욕, 베이징, 도쿄, 파리의 백화점이 서로 겨루는 때가 온다면? 서울이 전국을 빨아들이듯, 가장 크고 세련된 도시가 나머지 모두를 눌러 버리게 될지 모른다.

우리나라 철도 노선도 | 시속 200킬로미터 이상의 속도로 운행하는 철도를 고속 철도라고 한다. 우리나라는 현재 경부선과 호남선이 개통되었다. 고속 철도를 이용하면 서울에서 부산까지, 서울에서 목포까지 3시간이면 갈 수 있다.

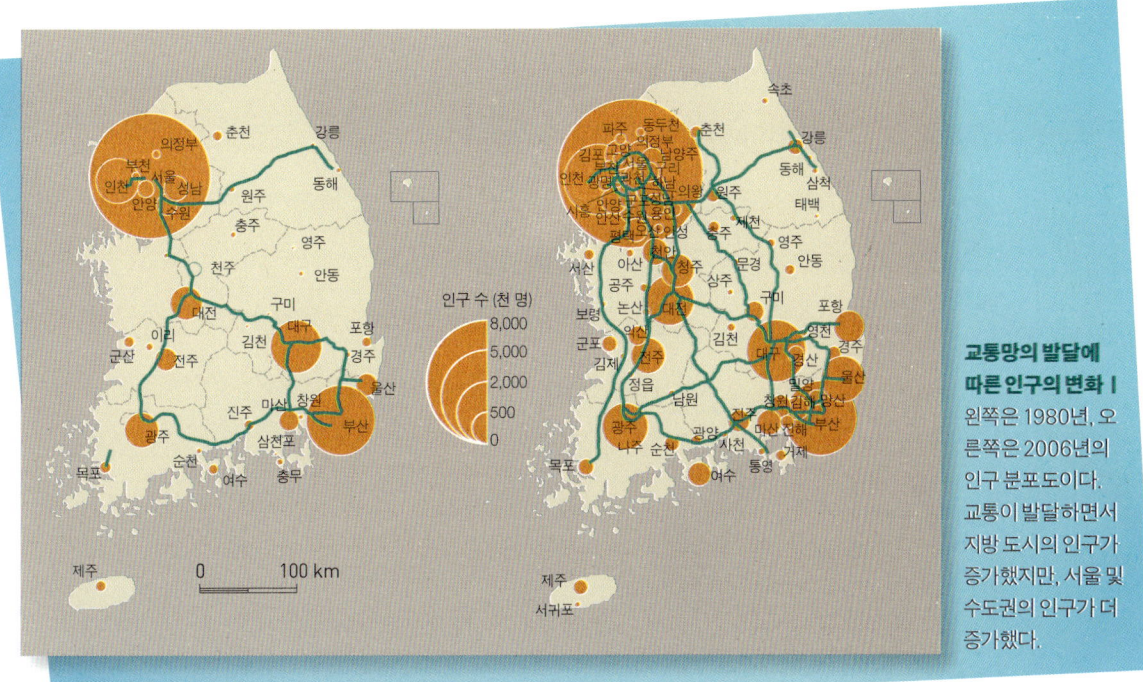

교통망의 발달에 따른 인구의 변화ㅣ 왼쪽은 1980년, 오른쪽은 2006년의 인구 분포도이다. 교통이 발달하면서 지방 도시의 인구가 증가했지만, 서울 및 수도권의 인구가 더 증가했다.

넓은 길이 빈부 격차를 키운다고?

커진 도시 안에서도 넓고 빨라지는 길은 문제를 일으킨다. 광화문 앞 도로의 폭은 8차선을 훌쩍 넘는다. 서울 시내 모든 도로가 이렇게 넓으면 어떨까? 길 막힐 리 없으니 즐거울 지도 모르겠다. 하지만 넓은 도로는 살림살이를 헝클어 놓을 테다.

시장의 골목은 아주 좁다. 마주 닿을 듯 이어지는 건물과 판매대들, 빨리 가려고 해도 가지 못하는 상황, 곳곳에서 상인들이 손목을 잡아끈다. 밀고 당기는 흥정이 하루 종일 이어진다. 만약 시장 길이 넓게 뚫렸어도 이런 광경을 볼 수 있을까?

사람들은 좋은 물건이 많고 싼 곳에서 쇼핑을 하고 싶어 한다. 싼 값에 좋은 상품을 팔 수 있으려면 가게의 덩치가 커야 한다. 대형 할인점이 가격이 싼 이유다. 그런데 사방팔방이 속 시원하게 트인 길로 된 도시라면 사람들은 어디로 쇼핑을 갈까? 당연히 차를 대기 좋고 가격까지 싼 대형 할인점을 찾을 테다. 비싼 물건을 살 때도 시장 가게보다는 백화점 쪽으로 발길을 돌릴 것이다. 여러 가지를 고를 수 있는 데 뭐하러 상품 종류도 적은 동네 상가를 가겠는가.

그렇게 넓은 길은 도시의 돈을 빨아들인다. 돈은 교통이 좋은 상가와 사무실 쪽으로만 흘러든다. 도시의 길은 핏줄과 같다. 핏줄을 따라 몸이 영양분을 공급 받듯, 상가의 길은 돈의 흐름을 넓게 퍼뜨린다. 몸 구석구석 피를 받으며 몸은 건강을 추스른다. 넓은 길은 큰 핏줄과 같다. 심장에서 나온 피가 굵은 핏줄로만 돌아 다시 심장으로 돌아간다면 어떨까? 몸의 곳곳은 죽어가는 소리로 가득할 테다.

우리나라 도시가 바로 그렇다. 동네 길을 따라 이어지는 상가들은 대형 백화점과 할인 마트에 고객을 뺏기고 시들어 간다. 이제 대기업에서 풀린 상품은 대형 마트를 통해 이익이 되어 원래 기업으로 돌아간다. 상품이 도는 중간에서 사람들이 이익을 누릴 기회는 그만큼 줄어든다는 뜻이다. 가난한 사람과 부자 사이의 차이가 날이 갈수록 심해지는 데는 넓어지는 길의 탓도 크다.

심장의 혈액이 온몸 구석구석까지 흐르지 않으면 건강한 삶을 살 수 없듯이 도시도 마찬가지이다.

'고고 씽' 대신 '슬로우'를!

다행히 도시 중심가에서 차를 쫓아내려는 움직임이 일고 있단다. 서울에서는 청계천을 덮었던 고가 도로부터 걷어 냈다. '걷고 싶은 도시'를 만든다며 사대문 안쪽의 차선을 좁히고 인도를 늘리는 작업이 한창이다. 외국도 마찬가지다. 파리나 런던 같은 대도시 길은 100여 년 전 그대로다. 새로 생긴 도시들도 한복판으로 들어오려는 차들을 막으려고 안간힘이다. 차를 갖고 시내로 들어오려면 적잖은 주차료와 통행료를 감당해야 한다.

'걷고 싶은 도시'는 공연한 외침이 아니다. 사람들이 속도를 늦추고 시내 곳곳을 돌아다녀야 도시가 건강하게 살아날 수 있는 까닭이다. 마을은 사람들이 모이는 곳에 생긴다. 휙 지나가 버리는 길 한복판에 마을이 생길 리 없다. 막히는 도로에 상인들이 모이듯, 사람들이 천천히 움직이는 길을 따라 상가와 마을도 생겨난다. 길을 좁히고 도시의 속도를 늦추어야 하는 이유다.

나아가 길은 꼭 넓어야 할 이유가 없다. 산 속의 절로 이어진 길을 떠올려 보자. 절의 첫 문은 일주문(一柱門)[5]이다. 휑하니 기둥과 지붕만 있는 문, 절은 바로 보이지 않는다. 좁고 긴 길을 한참을 더 걸어가야 절에 다다른다. 성당도 마찬가지다. 오래된 예배당들은 일부러 들어가는 입구를 먼 곳에 내었다. 누가 시키지 않아도 좁고 먼 길을 걷다 보면 흐트러진 마음도 가라앉곤 한다.

옛 궁궐도 마찬가지다. 궁궐 앞은 일부러 개천[6]이 흐르도록 했다. 다리를 건너야 임금이 사는 곳으로 나아가는 구도다. 쉽사리 넘지 못하게 하여 왕의 위엄을 세우는 장치라 하겠다.

그렇다면 우리가 사는 곳은 어떤 모습일까? 넓고 빨라진 도로는 분위기를 없앤다. 씽씽 달리며 결과를 향해 정신없이 달릴 뿐이다. 과정도 없고 정취도 사라지고 오직 목적지만 남았다. 그렇게 빨리 달려가게 된 우리는 과연 행복해졌을까? 오히려 넓어진 도로는 더 많아진 차들로 꽉꽉 막히기만 한다. 우리 삶도 그렇다. 정신없이 달려갈수록 여유는커녕 또 다른 고민만 늘지 않았던가. '걷고 싶은 도시' 만들기는 세계적인 유행이 되었다. 선진국의 도시들이 빠름을 버리고 왜 느림을 택하려 하는지 곰곰이 생각해 보자.

[5] 사찰에 들어서는 산문(山門) 가운데 첫 번째 문이다. 일주문이라는 말은 기둥이 한 줄로 되어 있는 데서 유래되었다. 일직선상의 두 기둥 위에 지붕을 얹는 독특한 양식은 일심(一心)을 상징하는 것이다. 세속의 번뇌를 말끔히 씻고 일심으로 진리의 세계로 향하라는 가르침이 담겨 있다.

[6] 궁궐 앞 개천을 금천(禁川), 금천을 지나는 다리를 금천교라 한다.

03 철도와 시간 : 시간은 어떻게 인간을 지배하게 됐을까?

100여 년 전만 해도 마을마다 시간이 다 달랐다. 여러 곳을 달리는 기차는 전국의 시계를 통일시켰다. 그뿐 아니다. 이제는 전 세계가 하나의 리듬에 맞추어 같이 뛰고 있다. 마을마다 지역마다 달랐던 시간이 하나가 됐을 때, 세상에는 어떤 일이 벌어졌을까? 세상이 점점 더 같은 리듬으로 달리게 되면 세계는 또 어떻게 변할까? 시간을 재는 방법이 삶을 어떻게 바꾸는지 알아보자.

옛날에는 마을마다 도시마다
시간이 다 달랐다.

전혀 불가능한 약속
"내일 아침 6시 25분에 깨워 줘!"

우리에게는 전혀 이상하지 않은 부탁이다. 그러나 불과 50여 년 전만 해도 이는 '대략 난감한' 약속이었다. 몇 시는 몰라도 몇 분까지 정확히 가려내는 시계가 드물었기 때문이다. 태엽으로 가는 시계는 열이면 열, 조금씩 다르게 재깍거렸다.

나아가 100여 년 전에는 "내일 아침 6시 25분에 깨워 줄게."는 결코 지키지 못할 약속이었다. 누구도 정확하게 언제가 6시 25분인지 알 수 없었던 탓이다. 시간은 마을마다 동네마다 제각각이었다. 따라서 다른 도시 사람들과 시간 약속을 잡기는 매우 어려웠다. 미국을 예로 들어 보면 같은 버지니아 주라 해도 어느 마을의 오전 11시가 옆 마을에서는 오후 1시일 수 있었다. 바로 옆 동네의 시계도 내가 사는 곳의 시간과 달랐다.

지금은 시간이 나라마다 하나로 정해져 있다. 사람들이 통일된 시간에 맞추어 생활하게 된 것은 아주 최근의 일이다. 시간은 철도가 나온 뒤에야 하나가 되었다. 그렇다면 그 전 사람들은 어떻게 시간을 맞추었을까? 철도는 어떻게 온 세상의 시간을 하나로 만들었을까?

시계보다 믿음직한 배꼽시계

마다가스카르[1] 사람들은 시간을 시계로 재지 않았다. '메뚜기를 볶는 데 걸리는 만큼', 이런 식으로 시간을 나타냈다. 뉴기니 섬 북쪽 트로브리안드 섬[2]의 사람들은 한술 더 뜬다. 이들은 '팔롤로'라는 벌레로 계절을 가늠한다. 이 곤충은 10월 15일에서 11월 15일 사이에 바다에 알을 낳는다. 트로브리안드 사람들은 이때를 한 해의 시작으로 쳤다.

[1] 아프리카 남동쪽 인도양에 있는 섬나라이며 세계에서 네 번째로 큰 섬이다. 1896년 프랑스의 식민지가 되었고, 1960년 독립했다.

[2] 남태평양에 있는 섬이다. 산호 섬으로 수산 자원이 풍부하다.

이런 이야기들이 괴상하게 들릴지 모르겠지만, 우리에게도 이런 일은 흔하다. '점심 때쯤' 만나지 뭐, '해질녘'의 운동이 몸에 좋대, '출출할 때쯤' 그만두도록 해 등등.

사실 우리 두뇌에는 시간을 잡아 주는 기관이 따로 없다. 시간을 나타내는 말들을 곰곰이 살펴보라. '시간이 길다', '시간이 짧다', '종례 시간이 늘어졌다', '되도록 마감 시간을 앞당겨 보라' 등등, 시간을 그릴 때는 길이를 나타내거나 동작을 설명할 때의 말들이 쓰이곤 한다. 시간 자체를 느끼는 감각이 없으니 다른 데서 표현을 빌려 오는 셈이다.

"상냥한 여자와 함께 보내는 2시간은 2분처럼 느껴지고, 뜨거운 난로 위에서의 2분은 2시간처럼 느껴진다."

아인슈타인(1879~1955)의 말이다. 이처럼 두뇌는 일어나는 일과 느낌을 더듬거리며 시간의 흐름을 짚어 낸다. 시계 없이 시간 맞추기가 어려운 이유다.

하지만 시계 없이 일에 따라 시간을 잴 때가 더 올바를 때가 많다. 농부가 '3월 18일 7시'에 씨를 뿌리라고 말할 때와, '첫 서리가 내릴 때' 씨를 뿌리라고 말할 때를 비교해 보자. 어느 쪽이 더 큰 지혜를 주는가?

트로브리안드 섬에서는 마을마다 한 해의 시작이 달랐다. 팔롤로라는 벌레가 알을 낳는 시기가 제각각이었던 까닭이다. 그래도 이들 가운데 누구도 불평하지 않았다. 하긴 우리도 마찬가지다. 옆 동네에서 이틀 전에 보리를 심었다 해서 뭐 문제될 게 있겠는가? '점심 때 밥 먹자'는 말도 마찬가지다. 어느 마을에서 '그림자가 서쪽으로 약간 기울었을 때' 밥을 먹기로 했고, 그 때를 시계에 '1시'라고 정했다 치자. 그때가 다른 마을 시계로는 2시라고 해도 문제될 것은 없다. 어차피 두 마을은 따로따로 살아갈 테니까 말이다. 백여 년 전, 마을마다 도시마다 시간이 제각각이었던 이유다.

시계, 도덕 선생님이 되다

그러나 기차가 등장하자 사정은 달라졌다. 철도가 나타날 무렵, 서양에서는 우편 마차가 가장 빠른 교통편이었다. 그래 봤자 마차의 속도는 시속 17킬로미터 정도였다. 기차는 시간당 60킬로미터를 넘게 달린다. 그만큼 철도가 놓인 도시들은 빠르게 가까워졌다.

이제 시간은 제각각이어서는 안 되었다. 마차나 배는 마주치면 서로 비껴가면 된다. 하지만 기차는 다르다. 철로 위에서 기차끼리 마주치면 대형 사고가 된다. 그렇다고 철로를 한정 없이 새로 깔 수도 없다. 돈이 너무 많이 들기 때문이다. 기차가 마주치지 않고 제대로 다니려면 여러 곳의 시간이 같아야 한다.

게다가 산업이 발전할수록 여러 도시는 같이 움직여야 한다. 예전에는 농사짓고 물건을 만드는 일이 대부분 한 동네에서 이루어졌다. 하지만 철도

초창기 기차 시간표와 기차, 회중 시계(왼쪽부터 시계 방향)

1858년 기차 시간표와 1830년 기차 모습이다. 기차가 등장하면서 각 도시의 시각이 통일되고 사람들은 시간을 지키기 위해 시계를 항상 휴대해야 했다.

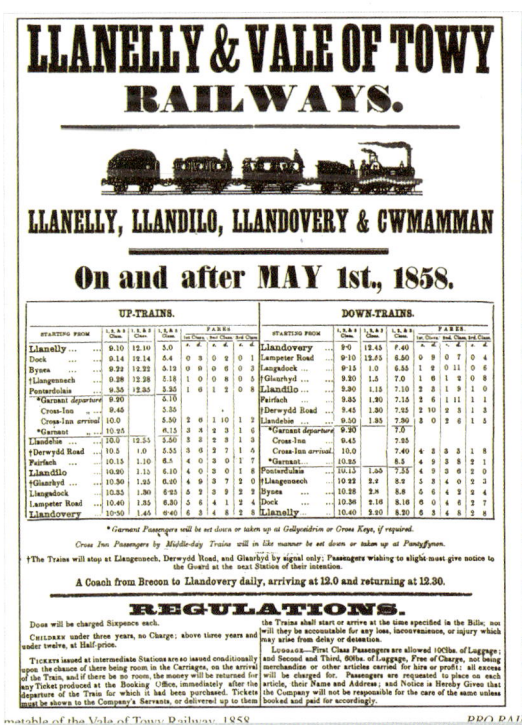

147

가 놓인 다음에는 달랐다. 예컨대 아침에 다른 도시에서 부품이 들어오면, 날짜에 맞추어 조립하여 또 다른 곳으로 보내야 한다. '우리 마을 식으로' 여유 있게 시간을 썼다간 열차를 놓치기 일쑤다. 그러면 다른 곳에까지 피해가 돌아간다. 사람들은 바짝 긴장하여 시간을 단속해야 했다.

기차가 더 많이 놓이고 세상이 점점 더 가까워질수록, 시간은 모든 것을 꿰뚫는 규칙처럼 되어 갔다. '철도 시간'은 무지막지했다. 마차는 말이 지치는 만큼만 달린다. 말의 숨소리가 거칠면 휴식을 주어야 했다. 그러나 기차는 다르다. 기차는 절대 지치는 법이 없다. 출발과 도착 시간에는 멈춤도 예외도 없어야 했다. 철도가 지나가는 길이 숲이건, 사막이건, 습지이건 상관이 없었다. 출발과 도착 시간만 중요할 뿐이다. 중간의 과정이 어찌 되었건 시간은 칼 같이 맞추어야 했다.

시계가 불티나게 팔린 것은 이즈음부터다. 그 시절, 시계는 마치 도덕 선생님과 같았다. 1891년, 어느 시계 회사의 광고를 살펴보자.

산업화와 철도의 보급으로 시간은 통일되었고 인간은 시계의 지배 아래 놓였다.

"시계는…… 시간을 일정하게 할 뿐 아니라, 규칙이 감독자의 눈이 안 닿는 곳에까지 이르게 합니다. …… 시작과 끝을 알리는 시계의 소리는 교장 선생님과 같습니다. 누구도 여기에 잘잘못을 따지지 못합니다. …… 결국 시계는 덜 떨어진 이들과 지각하는 사람들을 바꾸어 놓을 것입니다."

시간은 세상 모든 곳에서 사람들을 닦달하기 시작했다. 지쳤건, 힘들 일이 있었건, 모든 일은 '끝내기로 한 날짜'에 맞추어야 한다. 안 그러면 그 때에 맞춰 일을 시작할 다른 사람들에게도 피해가 간다. 이제 '시간 엄수'는 아주 중요한 도덕이 되었다.

기차보다 한술 더 뜨는 컴퓨터 시간

시간이 하나가 되자 시계는 사람들을 지배하기 시작했다. 우리는 배가 고파서 밥을 먹기보다 식사 시간이기에 밥을 먹는다. 학생들은 공부하고 싶

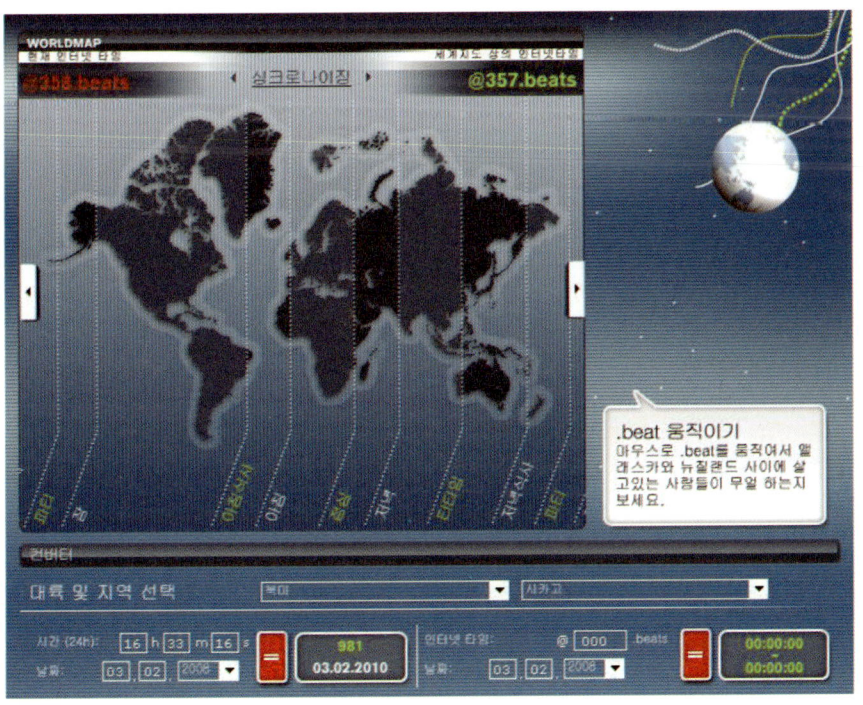

인터넷 타임

지역마다 서로 다른 시각을 사이버 공간에서 하나로 통일해서 사용하자는 세계 공통 시각을 말한다. 시계 제조 회사인 스위스의 스와치 사는 세계 표준 시각을 하나로 통일한 인터넷 기준시인 인터넷 타임을 제정했다. 하루 24시간을 1,000등분해서 스와치 사가 있는 스위스 비엘의 0시(자정)를 인터넷 타임 0시인 @000으로 정했다. 인터넷 시간 단위는 비트(beat)로 하고 @로 표기하며, 1비트는 1분 26.4초에 해당한다.

기 때문이 아니라 수업 시간이 되었기에 공부한다. 쉬고 싶어서 쉬기보다는, 휴식 시간이기에 책상에서 일어선다.

인터넷의 등장은 철도보다 훨씬 더 강하게 시간을 옥죄고 있다. 이제는 전 세계를 하나로 다잡는 '컴퓨터 표준 시간'까지 등장하는 모양새다. 서울이 새벽이라면 뉴욕은 아직 저녁이다. 이렇듯 뉴욕과 서울의 시간은 당연히 다르다. 세계화된 세상은 이런 차이를 무시해 버린다. 예컨대 증권 시장에서 일하는 사람은 뉴욕의 아침에 맞추어 한국에서는 밤에 일한다. 인터넷 안에는 낮밤까지 사라져 버렸다. 사람들은 하나가 된 시간에 맞추어 뛰고 또 뛰어야 한다.

시골에 살다가 큰 도시로 가면, 정신을 놓치기 쉽다. 사람들은 모두 정신없이 허겁지겁 달려가고 있다. 눈이 팽팽 돌아가게 바쁜 모습이다. 그러나 정작 시골에서 올라온 자신이 느리게 살고 있다는 생각은 하지 못한다. 사람은 누구나 자기에게 익숙한 시간의 흐름에 맞추어 세상을 바라보는 탓이다.

우리는 열심히, 빠르게 사는 삶이 올바르고 성실한 삶이라고 배운다. 하지만 다른 사회에서도 그렇게 생각할까? 멕시코에서는 약속한 시간에 늦게 오는 게 정상이다. 누군가 시간에 딱 맞추어 오면, 그 곳 사람들은 되레 '청소부와 같이 왔다'는 말로 빈정거린다. 우리 조상들도 그랬다. 서두르는 사람을 '양반답지 못하다'며 호통 치지 않았던가.

세상은 점점 더 빠르게 돌아간다. 경쟁은 시간에서 분으로, 이제는 초를 다투는 지경으로 숨 가빠졌다. 이제 자기만의 '리듬'으로 세상을 살기란 굉장히 어려운 일이 되었다. 주어진 시간에 맞추어 최대의 결과를 얻어야 하니까 말이다.

그럼에도 '내 마음껏 여유롭고 게으르게 사는 삶'은 모든 사람들의 꿈이다. 크게 출세하고 돈 많이 벌면 이렇게 살 수 있을까? 지금의 대기업 회장은 예전의 농부만큼도 시간이 없다. 휴가를 가서도 시간에 맞추어 아득바득해야 한다. 그럼에도 세상은 '내 마음껏 하고 싶은 대로 하며 살려면' 더욱 더 열심히 치열하게 살라 한다. 하지만 그런 세상이 과연 올까? 째깍거리는 시계 소리에 가슴이 답답해 오는 이유다.

뱃길과 도시 :
권력은 강물을 타고 흐른다

배는 친환경적인 교통수단으로 통한다. 자동차에 비해 짐을 훨씬 많이 실을
뿐더러 연료도 적게 든다. 매연도 훨씬 적게 내뿜는다. 하지만 우리나라의
경우는 정반대다. 한반도의 강들을 운하로 연결하여 이용하자는 생각은 거센
반대에 부딪혔다. 뱃길이 환경 논란을 넘어 정치에까지 깊이 맞닿는 모양새다.
뱃길을 만드는 일은 엄청난 권력을 손에 넣어야만 가능하다. 옛 사람들도 "물을
다스리지 못하는 사람은 임금 될 자격이 없다."라고 했다. 뱃길과 권력의 관계를
짚어 보자.

인류는 강에서 일어나는 여러가지 문제를
해결하며 도시를 발달시켰다.

영조의 국가 프로젝트,
조선 시대 청계천에서는 무슨 일이?

청계천[1]은 조선 시대 내내 골칫거리였다. 복작이는 시내 한복판 개울을 깨끗하게 유지하기란 아주 어려운 일이었다. 사람들은 온갖 쓰레기를 청계천에 버렸다. 하수도처럼 되어 버린 개천(開川). 임금들마다 이 문제로 머리를 싸맸지만, 뾰족한 수가 없었다..

모래와 쓰레기로 가득 찬 청계천은 장마 때마다 넘쳤다. 마침내 영조는 결심을 내린다. 청계천 바닥을 긁어내기로 작정을 한 것이다. 경복궁 코 밑에서 동대문 밖까지를 파헤치는, 총인원 21만여 명이 뛰어든 대공사였다. 쌀이 2,300여 석, 돈이 3만 5,000냥 들었다. 옛 서울의 인구가 20만도 안되었다 하니, 이 정도면 '국가적 프로젝트'라 할 만하다.

공사를 마친 영조는 물 높이를 가늠하는 수표(水標)에 '경진지평(庚辰之平)'이라고 새겼다. 즉, 청계천 바닥을 파낸 경진년(1760)이 청계천 바닥의 기준이라는 뜻이다. 그 후로 이 네 글자 가운데 하나라도 흙에 잠기면, 또다시 바닥을 부지런히 파냈다. 늘 쪼들리는 조선의 살림살이에도, 바닥 파내기는 2, 3년마다 계속되었다.

도시가 강을 피하지 못하는 까닭

도시를 가로질러 흐르는 강은 여간 골칫거리가 아니다. 쉽게 더러워지는 데다가, 홍수라도 나면 주변을 쑥밭으로 만들어 버린다. 그럼에도 오래된 큰 도시들은 강을 끼고 있다. 런던은 템스 강 옆에 있고, 파리에는 센 강이 흐른다. 평양은 보통강과 대동강가에 자리 잡았고, 개성에는 예성강이, 서울에는 한강이 버티고 있다. 아예 시가지를 강 없는 곳에 만들면 되지 않았을까? 왜

1 북악산·인왕산·남산 등 서울을 둘러싸고 있는 산에서 내려 온 물이 모여 동쪽으로 흐르다가 왕십리 밖 살곶이다리 근처에서 중랑천과 합쳐 한강으로 빠진다. 원래 이름은 개천(開川)이다.

153

바보 같이 불안한 강가에 터를 잡아 고생을 사서 하고 있을까?

사람이 하는 일에는 나름의 이유가 있는 법이다. 도시가 강가에 자리 잡는 데도 다 사연이 있다. 사람들이 모여 살려면 많은 물이 필요하다. 마시고 씻고 농사를 짓고 주변을 청소할 물이 없다면 얼마나 괴롭겠는가.

그뿐 아니다. 물살이 빠른 강은 하수도 구실도 한다. 사람들이 모여 살면 쓰레기가 엄청나게 생겨난다. 강은 귀찮고 더러운 오물을 처리하는 아주 간편한 수단이다. 강에 흩뿌려 놓기만 하면 쓰레기는 먼 곳으로 '저절로(?)' 사라진다.

하지만 도시가 강 옆에 자리 잡는 가장 큰 이유는 따로 있다. 궁궐 짓기를 예로 들어 보자. 건물을 올리려면 아름드리나무가 있어야 한다. 이곳저곳에 쇠붙이도 많이 들어간다. 쇠를 녹이는 데 쓸 땔감도 필요하겠다. 기초를 다질 우람한 돌도 장만해야 한다. 그런데 아름드리나무와 쓸 만한 돌과 철광석과 땔감이 한 군데서 다 날 수가 있을까? 있다 해도 그 많은 사람들의 먹을거리와 입을거리는 또 어디서 구한단 말인가?

파리 센 강의 운송선

도시는 대부분 강가에서 생겨났다. 생활하는 데 필요한 물을 공급받을 수 있고, 강을 통해 오물을 처리하고 물자를 운반할 수 있었기 때문이다. 지금도 센 강이나 라인 강 등에서는 운송선을 이용하여 물자를 운반한다.

일을 꾸리려면 아쉬운 물자들을 여러 곳에서 끌어 모아야 한다. 엄청난 양의 물건들을 등짝이나 수레로 나르기에는 힘이 부치기 마련, 당연히 배로 나르는 게 편하고 빠르다. 그러려면 도시는 강을 끼고 있어야 한다. 그것도 큰 배가 다닐 만큼 넓고 깊은 강이어야 한다.

강에서 권력이 나다

원래 가까운 사람들끼리 더 많이 다투는 법이다. 강과 도시도 그렇다. 도시는 강을 꼭 필요로 했지만, 그만큼 강은 도시에 골칫거리가 되곤 했다. 가장 큰 문제는 홍수다. 넘치는 물을 막기 위해 사람들은 강둑을 쌓는다. 그러나 둑을 쌓으면 이번에는 강바닥이 올라가기 시작한다. 떠내려온 개흙과 자갈이 옆으로 퍼지지 못하고 바닥에 쌓이는 까닭이다. 어느새 강은 배가 다니기 못할 정도로 낮아진다. 그러면 다시 강바닥을 파내야 한다.

강둑을 쌓고 강바닥을 파내는 일은 수천, 수만의 사람들이 일사불란하게 움직여야 할 수 있다. 그러려면 강력한 지도자가 필요하다. 강을 끼고 있는 도시에서 강력한 권력자들이 태어나는 까닭이다. 중국의 황제, 이집트의 파라오 같이 권력이 센 사람들에게는 하나같이 황허와 나일 같은 거대한 강의 관리가 큰 임무였다.

그뿐 아니다. 강은 뱃길을 따라 숱한 도시들을 만들어 냈다. 춘천, 원주, 충주, 아산, 옥구, 영광, 나주 같은 도시들을 떠올

파피루스 문서
고대 이집트의 파피루스 문서에는 치수에 관한 기록이 남아 있다. 파피루스 용지는 이집트 나일 강변에서 자라는 파피루스라는 식물의 줄기를 얇게 잘라 가로 세로로 배열하여 압착한 뒤 건조시키고, 표면을 돌이나 조개껍질 등으로 문질러 만든 것이다.

155

려 보자. 모두 쌀을 보관하던 창고가 있던 곳이다. 이곳에서 배에 쌀을 실어 서울까지 날랐다. 배는 클수록 안전하고 이윤도 크게 남는다. 이곳저곳에서 자잘하게 쌀을 모아 실어 나르기보다는, 한 곳에서 모았다가 한꺼번에 나르는 게 여러모로 좋다. 그래서 배 뜨는 곳에는 으레 물건이 모이고, 물자를 따라 사람도 모였다. 큰 배를 만들고 띄우는 데는 돈도 많이 든다. 돈이 꼬이는 곳에는 권력도 생기기 마련이다. 이래저래 뱃길은 힘 가진 자들을 모아 놓는 구실이 되었다.

뱃길에 한판승을 거둔 철도

뱃길은 적은 품으로도 많은 짐을 날라 준다. 하지만 뱃길에는 어찌지 못할 단점이 있다. 바람이 심하게 불고 비가 많이 와 물살이 세면 배가 뜨지 못한다. 가물어도 마찬가지다. 물이 얕아지면 배가 다니지 못한다. 조선 시대에도 밀물 때에만 큰 배가 한강을 거슬러 마포까지 올라올 수 있었다.

그래서 사람들은 배만큼 많은 짐을 나르면서도 날씨의 영향을 적게 받는 교통수단을 궁리하게 된다. 철도는 뱃길을 훌륭하게 대신해 주었다. 철도는 큰 배만큼이나 많은 짐을 나르면서도, 날씨의 영향을 거의 받지 않는다. 어디 그뿐인가. 속도도 배보다 훨씬 빠르다.

철도가 등장하자, 유럽에서는 운하(運河)의 역할이 줄어들었다. 우리나라도 마찬가지다. 예전에 뱃길이 했던 일을 철도가 모조리 대신해 버렸다. 예컨대, 쌀은 더 이상 영산강을 따라 나주에 모이지 않았다. 철도가 대신 서울로 쌀을 실어 날랐다. 1980년대 초반, 영산강 끝머리에 둑을 지어서 배가 다니지 못하게 되었음에도 불평하는 사람은 많지 않았다. 이미 사람들에게는 철도가 훨씬 더 편리한 수단으로 굳어졌기 때문이다.

마르코 폴로 프로젝트
– 뱃길이 찻길을 대신할 수 있을까?

철도, 고속 도로 등 교통수단이 늘어나자 뱃길은 한동안 잊히는 듯 했
다. 먼 바다를 오가는 화물선은 몰라도, 우리나라에서 해안가와 강기슭을
오르내리던 큰 배들은 이제 거의 사라진 상태다. 그러나 최근 들어 뱃길이
다시 사람들에게 주목받기 시작했다. 기름 값이 오르고 고속 도로와 철도가
포화 상태에 이른 탓이다.

뱃길은 환경을 파괴하지 않는 '친환경 교통수단'으로 인기를 끌고 있다.
배를 띄우기 위해서라면 굳이 나무를 베어 내고 돌을 파헤치지 않아도 된다.
자연 그대로, 있는 물길을 그대로 쓰면 되기 때문이다.

유럽에서는 '마르코 폴로 프로젝트'가 한창이다. 화물을 고속 도로 대

신 뱃길과 철도로 옮기려는 계획이다. 그러면 연료비를 훨씬 아낄 뿐더러, 공해도 줄어든다. 우리나라에서도 대통령 공약으로 '한반도 대운하'가 궁리되었다.

하지만 뱃길을 살리려면 넘어야 할 산이 또 하나 있다. 뱃길이 부딪힌 문제는 하늘길과 닮은 꼴이다. 강원도 양양 공항을 살펴보자. 양양 공항은 이용객이 없어서 문을 닫을 지경이다. 왜 이 지경이 되었을까? 속도로 따지자면, 비행기가 철도나 자동차보다 훨씬 빠르다. 하지만 비행기는 바로 집 앞에까지 나를 데려다 주지 않는다. 일단 공항까지 나가야 하고, 내려서는 다시 자동차나 전철을 타고 원하는 곳까지 가야 한다. 이런저런 과정을 넣어 보면, 비행기는 결코 자동차보다 빠르거나 편리하지 않다.

배도 마찬가지다. 베네치아라면 모를까, 배 타고 집 앞까지 가는 것은 꿈 같은 이야기이다. 한강에 수상 택시가 등장했지만, 이용객은 자동차나 전철에 비해 훨씬 적다. 배를 타려면 자동차나 전철로 항구까지 나가야 하기 때문이다.

화물도 마찬가지다. 엄청나게 많은 짐을 아주 먼 거리까지 나를 때는 배가 효과적이다. 하지만 배가 선 다음에는 다시 짐을 트럭으로 옮겨 실어 목적지까지 날라야 한다. 만약, 필리핀의 바나나를 서울까지 옮긴다면 배가 효과적일 터다. 그러나 대구의 사과를 서울로 옮기는 데도 뱃길이 찻길보다 나을까? 항구에 내려 다시 움직이는 시간과 돈을 따진다면, 아예 문 앞에서 문 앞으로 바로 옮겨 주는 차로 가는 게 나을지 모른다.

마르코 폴로 프로젝트는 2003년에 시작되었다. 그렇지만 2010년 현재, 생각보다 큰 성과가 나

마르코 폴로와 마르코 폴로 프로젝트

마르코 폴로(1254~1324)는 이탈리아 베네치아의 상인으로, 열다섯 살에 처음 동방 여행길에 올라 서아시아와 중앙아시아, 중국과 인도를 여행한 뒤 25년 만에 베네치아로 돌아왔다. 중국 원나라에서는 관직에 올라 17년 동안 살았다. 고향으로 돌아간 후 이야기 작가인 루스티켈로에게 동방에서 보고 들은 것을 이야기하고, 루스티켈로는 이를 받아 적어 『세계 경이의 서』(『동방견문록』)가 탄생했다.

최근 유럽에서는 교통 체증과 환경 문제를 해결하기 위해 물류 운송에 관한 정책을 개발했는데, 이를 마르코 폴로 프로젝트라고 한다. 마르코 폴로 프로젝트는 도로 중심의 물류 이동을 가능한 줄이고 다양한 운송 수단, 즉 뱃길과 철도를 활용하는 운송 체계를 갖추는 것이다. 마르코 폴로 프로그램은 1차와 2차로 나뉘는데, 1차는 2003년부터 2006년까지로 이미 종료되었고 2차는 2013년까지 이어질 계획이다.

오지는 않았다. 원래 뱃길로 돌아서리라 예상한 화물량의 일부만 채우고 있는 모양새다. 철도와 고속 도로가 촘촘한 유럽에서 뱃길이 과연 성공을 거둘지는 아직 더 지켜볼 일이다. (마르코 폴로 프로젝트는 2013년에 끝난다.)

물을 다스리지 못하는 사람은 임금 될 자격이 없다

중국은 빠르게 사막으로 바뀌어 가고 있다. 고비 사막은 베이징 근처까지 다가왔다. 황허 강도 날이 갈수록 말라간다. 위기감을 느낀 중국 정부는 엄청난 사업을 계획 중이다. 남쪽에 남아도는 물을 끌어와 마른 북쪽에 공급한다는 것이다. 이른바 '남수북조(南水北調)' 계획이다. 수천 킬로미터 떨어진 황허 강과 양쯔 강을 잇는 아주 엄청난 프로젝트다.

만약 중국이 여러 나라로 쪼개져 있다면 이런 계획이 가능할까? 물길을 놓는 작업은 국가의 지도력이 매우 강할 때에만 밀어붙일 수 있다. 물길이 권력과 맞닿는 이유는 여기에 있다. 도로를 놓을 때 한 마을이 반대했다 하자. 그러면 다른 쪽으로 길을 놓으면 된다. 그러나 뱃길은 다르다. 강의 방향을 틀기란 보통 어려운 일이 아니다. 뱃길을 트는 일은 물길을 나누는 고장들을 모두 품어 안아야만 가능하다.

'물을 다스리지 못하는 사람은 임금 될 자격이 없다'는 말처럼, 뛰어난 왕들은 하나같이 솜씨 있게 물길을 다스렸다. 영조도 물을 잘 다잡은 지도자로 꼽을 수 있겠다.

치솟는 기름 값, 하루 종일 복작이는 도로, 찻길을 대신할 다른 교통수단이 점점 절실해지는 요즘이다. 과연 우리나라에서도 뱃길이 새로운 해법

중국의 남수북조 계획 | 양쯔 강 3개 지점에 운하를 뚫어 베이징과 톈진 등 물 부족 현상을 겪고 있는 북부 황허 강 유역으로 물을 보내는 것을 말한다. 동선·중선·서선의 3개 노선으로 공사가 진행된다.

이 될 수 있을까? 된다 해도 말 많은 뱃길 놓기를 문제없이 해낼 만큼 나라의 의견이 모아지고 국력이 받쳐 줄지, 계속 지켜볼 일이다.

환경을 훼손하지 않고 지역 주민도 만족시키는 합리적인 뱃길 놓기가 가능할지 지켜볼 일이다.

05 지하철 : 땅값을 끌어올리는 45분의 규칙

지하철역 주변을 하늘에서 찍은 지도를 찾아보자. 건물들은 마치 용틀임을
하듯 위아래로 요동을 치고 있다. 역 주변 빌딩들은 높고 역에서 먼 곳은 낮다.
지하철역이 촘촘하게 들어선 곳일수록 마천루들은 하늘을 찌를 듯 솟구친다.
이처럼 지하철은 땅의 높낮이를, 그리고 그 속에 사는 사람들의 생활을 바꾼다.
지하철이 도시의 모습을 어떻게 결정짓는지 알아보자.

지하철 중심이냐 자동차 중심이냐에 따라
같은 곳을 설명하는 방법도 달라진다.

약도가 이상하다고? 도대체 왜!

미국인 친구가 우리 집에 놀러온단다. 그래서 친구에게 약도를 그려 주었다.

"여기가 충정로역이야. 2번 출구로 나와서 100미터쯤 내려오면 편의점이 보여. 거기서 오른쪽으로 꺾어서……."

설명을 듣는 미국인 친구의 표정이 알쏭달쏭해진다. 미국에서라면 다르게 집을 일러줬을 테다.

"여기가 워싱턴 스트리트야. 거기서 32번 도로 진입로를 찾아. 그 주변에서 우회전해서 가로수길을 찾으면……."

미국 잡지에 실린 약도와 우리나라 책자에 담긴 약도 사이에는 차이가 뚜렷하다. 우리는 전철역을 기준으로 위치를 나타낸다. 미국인들은 길 이름과 진입로를 따라 갈 곳을 일러준다. 한마디로 우리는 지하철을, 미국인들은 차를 중심으로 생각하는 셈이다.

약도를 받아 둔 미국인 친구, 이번에는 집을 찾아오다가 길을 잃었다. 큰 도시에서 헤매고 있을 때, 지하철역은 나침반 구실을 한다. 역은 항상 지역의 중심에 자리 잡고 있기 때문이다. 그렇다면 지하철역은 어떻게 찾을 수 있을까?

방법은 간단하다. 건물들의 높이를 살펴보면 된다. 지하철역이 있는 대도시를 항공 사진으로 찍어 보면 마치 용이 꿈틀거리는 듯이 보인다. 역 근처 건물은 하늘을 찌를 듯이 높다. 역에서 멀어지면 건물들도 슬금슬금 낮아진다. 그러다가 다른 역 근처에 오면 다시 커다란 빌딩들이 나타난다. 역에서 역으로, 건물들은 높아졌다 낮아졌다를 반복하는 셈이다. 그러니 가장 높다란 건물이 모여 있는 곳을 찾으면 지하철역도 나오기 마련이다

이제 간단한 질문을 던져 보겠다. 왜 지하철역 근처에는 빌딩들이 많을

까? 답을 내기는 어렵지 않다. 땅값이 비싼 까닭이다. 한 조각에 몇 억씩 하는 땅에 1층짜리 살림집을 지을 리는 없지 않은가.

여기서 한 번 더 물어 보자. 왜 역 주변은 금싸라기 땅이 될까? 사람들이 많이 모이는 탓에 그렇다. 당연하다. 그러면 왜 지하철역 주변에는 사람들이 많이 모일까? 간단한 물음 같지만 여기에 답하려면 긴 설명이 필요하다. 자동차 중심 문화와 지하철 중심 문화의 차이를 설명해야 하기 때문이다.

자동차 중심 문화와 지하철 중심 문화

서울은 눈이 팽팽 돌 만큼 북적인다. 수도권의 인구는 2,000만 명 남짓이다. 미국 로스앤젤레스의 인구는 1,700만 명 정도다. 얼추 비슷한 규모지만 서울은 로스앤젤레스에 비해 훨씬 사람들로 넘쳐나 보인다. 어디 그뿐인가? 미국의 땅값은 우리나라보다 훨씬 싸다. 코딱지만 한 서울 강남 아파트 한 채 값이면 미국에서는 호화로운 대저택에서 살 수 있다.

미국은 땅이 넓고 우리나라는 좁으니까 그런 게 아니냐고? 꼭 그렇지만은 않다. 네덜란드도 사람들로 빽빽한 나라이지만, 우리나라 같은 부동산 투기는 별로 없다. 왜 그럴까?

그들이 주로 자동차를 이용한다는 점에 주목해 보라. 자동차가 주된 교통수단인 도시에서는 건물들이 빽빽하게 들어서기 어렵다. 생각해 보자. 20층 높이의 빌딩 하나에서 수천 명이 일을 한다. 어지간한 대도시 중심가에는 이런 건물들이 수백 채씩 들어차 있다.

빌딩의 모든 사람이 자기 차나 버스로 출퇴근한다면 어떨까? 거리는 차들로 옴짝달싹 못하게 되어 버릴 터다. 100여 년 전 런던이 그 꼴이었다. 너도나도 마차를 끌고 나오는 탓에 런던은 하루 종일 교통 체증에 시달렸다. 차가 너무 막힌 나머지 마차에 실은 식품들이 길거리에서 다 상해 버릴 정도

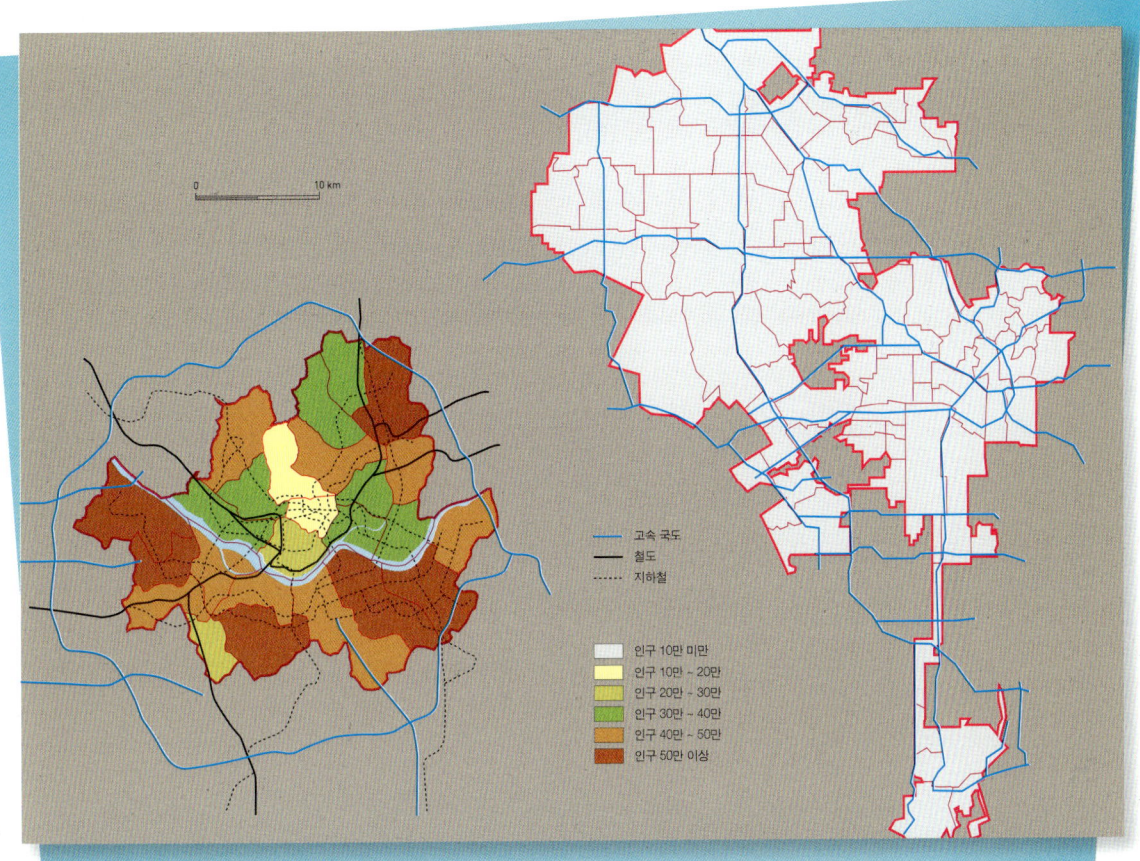

서울과 로스앤젤레스 | 왼쪽이 서울, 오른쪽이 로스앤젤레스 지도이다. 서울의 면적은 605.33제곱
킬로미터, 로스앤젤레스의 면적은 1290.6제곱킬로미터로, 로스앤젤레스의 면적은 서울 면적의
2배가 넘는다. 반면 인구는 로스앤젤레스가 적다.

범례:
- 고속 국도
- 철도
- 지하철
- 인구 10만 미만
- 인구 10만 ~ 20만
- 인구 20만 ~ 30만
- 인구 30만 ~ 40만
- 인구 40만 ~ 50만
- 인구 50만 이상

였다. 이렇듯 자동차 중심 도시에서는 높은 건물들이 들어서기란 쉽지 않다.
도시가 북적대는 정도에도 분명히 한계가 있다. 너무 막히면 사람들은 차라
리 딴 곳으로 옮겨 가 버린다.

자동차가 주된 이동 수단이 되는 곳에서는 건물들이 모여 들어서기도
어렵다. 거리의 숨통을 뚫으려면 거리는 넓고 커야 한다. 그러니 건물 사이는
벌어진다. 주차장은 또 어떤가. 10층 남짓한 빌딩이라도 널찍한 차 세울 공간
이 필요하다. 건물 지하에 차 세울 공간을 만들면 되지 않느냐고? 주차장을
마련하는 데 들어갈 엄청난 돈은 어디서 구한단 말인가. 만든다 해도 그만

큼 빌딩 가격이 올라가니 들어올 사람을 찾기 쉽지 않을 터다.

또한 자동차로는 원하는 곳이 어디든 쉽게 갈 수 있다. 사람들은 공기 나쁘고 복작대는 중심가보다 교외에 살기를 택한다. 납작한 집, 너른 정원, 주차장······. 미국이나 네덜란드의 집을 떠올릴 때 그려지는 풍경이다. 널리 흩어져 사니 집값이 훌쩍 뛰는 일도 적다.

하지만 일단 지하철이 들어서면 빌딩 높이의 고삐는 풀려 버린다. 건물들은 어깨를 맞대며 촘촘해지고 거리도 사람들로 가득 채워진다. 아무리 많은 인구가 모여든다 해도 지하철은 얼마든지 막힘없이 사람들을 실어다 준다.

나아가, 지하철 중심 도시에서는 어디를 가려면 먼저 지하철역으로 가야 한다. 그러니 사람들은 역을 중심으로 모여들 수밖에 없다. 사람이 꼬이는 곳에 가게들이 들어서기 마련, 역 주변은 식당과 상가로 가득해 진다. 시간이 흐를수록 온갖 도시의 편의 시설도 역 주변으로 하나둘씩 모여든다. 장사 되는 곳에 점포를 여는 게 당연한 이치 아니던가.

역에서 먼 곳에 살면 불편하기 짝이 없다. 많이 걸어야 할 뿐더러, 필요한 문화 시설도 적다. 사람들은 역 근처에서 살고 싶어 한다. 오고 싶은 사람들이 많으니까 땅값도 점점 더 오른다. 그럴수록 건물은 빽빽하게, 더 높게 올라간다. 인구가 늘어나니 상가와 문화 시설도 더욱더 좋아진다. 그러면 사람들은 더 모여든다. 이렇게 지하철역은 사람과 건물을 정신없이 끌어 모은다. 역 주변의 집값도 오르고 또 오른다. 시민들이 주로 자동차로 이동하는 도시에서는 상상하기 힘들 정도로.

역세권을 표시하는 지하철역의 안내도
지하철역에는 역을 중심으로 주변 주요 건물까지의 거리를 나타낸 지도가 있다.

45분의 규칙– 집에서 다니거나, 이사 가거나

　나아가 지하철은 나라 전체의 집값까지 끌어올린다. 도시를 설계할 때는 '45분의 규칙'이라는 게 있다. 도시는 외곽에서 중심까지 45분 안에 다다를 수 있는 곳까지만 자라난다. 동대문에서 광화문까지 걸어가 보자. 45분이 채 걸리지 않는다. 사람들이 걸어 다니던 시절, 옛 서울의 크기가 고만했던 이유다. 이번에는 서울 끝인 수서역이나 상계역에서 지하철을 타고 도심으로 들어와 보자. 역시 45분 안팎이 걸린다.

　출퇴근 시간이 45분을 넘기면 슬슬 짜증이 나기 시작한다. 길거리에서 많은 시간을 흘리고 싶어 하는 사람은 없다. 사람들이 지하철역 가까운 곳으로 이사하고 싶어 하는 이유다. 지하철역 주변 땅값은 그래서 더 올라간다. 역에서 5분 거리인 곳과 30분 걸리는 곳의 땅값에는 엄청난 차이가 있다. 역 주변은 부자들만의 공간이 된다. 그렇다고 가난한 사람들은 가만있을까? 물론 그렇지 않다. 당연히 자신들이 사는 변두리에도 지하철역을 만들어 달라고 요구할 테다.

　문제는 지하철역이 들어서면 또다시 땅값이 오른다는 점이다. 역을 만드는 데는 엄청난 돈이 들어간다. 역 주변이 한갓지면 이용자도 적다. 그러면 역을 운영하는 측은 이만저만 손해가 아니다. 그래서 역 주변에는 늘 개발 바람이 분다. 그래야 정부도 수지를 맞출 것이 아닌가.

　또다시 땅값은 올라가고, 가난한 사람들은 더욱더 주변으로 몰린다. 변두리에 사람들이 모여들수록 새로운 역을 세울 필요성도 늘어난다. 그러면 또다시 역이 들어서고, 집값도 따라 오른다. 가난한 사람들은 더 바깥으로 내몰린다. 그렇게 지하철은 땅값을 차근차근 끌어올린다.

지하철은 부자들의 발?

지하철은 '시민의 발'이라 한다. 그러나 시민의 발 덕택에 소시민들은 더 더욱 먼 곳으로 내몰린다. 사는 곳으로만 본다면 지하철은 '부자들의 발'에 가깝다. 지하철 노선은 돈 많은 사람들이 어디에 땅을 사야 하는지를 일러 주는 나침반이다. 땅값이 가장 많이 오르는 동네는 지하철역에서 가까운 지역이기도 하다.

중심이 명확해지면 주변부도 분명하다. 중심이 뚜렷하지 않으면 주변도 흐릿하다. 역은 뚜렷한 중심을 만든다. 그리고 주변의 모든 것을 빨아들인다. 지하철 중심의 도시가 차별을 낳기 쉬운 이유다.

우리나라의 빈부 격차는 심각한 지경이다. 우리나라에서 부자와 가난뱅이는 대개 누가 어디에 얼마만큼의 땅을 가지고 있는지에 따라 갈린다. 안타깝게도 '서민의 발'인 지하철은 이렇듯 어그러진 모습을 더욱 흉측하게 만드는 듯하다. 그렇다면 땅값을 떨어뜨리면서도 균형 잡히게 할 수 있는 방법은 무엇일까?

20세기 초, 미국의 도시들은 철도를 걷어 내고 고속 도로를 지었다. 자동차 회사들이 차를 더 많이 팔려고 로비를 한 탓이다. 지금 미국의 큰 도시들은 하나같이 밀려드는 차들로 골머리를 앓는다. 공해 문제도 엄청나다. 이

'시민의 발' 지하철 때문에 많은 시민들의 집이 외곽으로 밀려났다.

렇게 볼 때 자동차는 그다지 바람직한 도시 교통수단은 아니다.

그렇다면 지하철을 늘리는 대신 자전거 도로[1]를 늘리면 어떨까? 시민들이 걸어서 다니기 편하도록 인도를 크게 늘린다면? 실제로 10여 년 전부터 유럽에서는 '슬로시티(slow city) 운동'이 일었다. 슬로시티란 도시의 속도를 천천하게 줄이는 운동이다. 여기에 함께 하는 도시들은 패스트푸드, 대형 마트, 자동판매기 등을 없애야 했다. 당연히 자동차나 지하철 등도 환영받지 못한다. 인구는 5만 명 남짓으로 해야 한다.

슬로시티 운동은 1999년 이탈리아에서 처음 시작되었다. 지금은 10개국 93개 도시가 참여하고 있다. 그만큼 성공하고 있다는 이야기이다. 이런 도시들에서 과연 빈부 격차가 크게 날 수 있을까? 부자가 많은 마을이 가장 행복한 도시는 아니다. 걷기 편한 도시는 사람들 하나하나의 행복을 넘어 사회의 얼굴을 바꾼다.

[1] 자전거가 다니는 길로, 자동차 등으로부터 자전거 이용자를 보호하기 위해 만든 길이다. 자전거 전용 도로가 최초로 생긴 때는 1897년이다. 그러나 이 도로는 자동차 전용 도로로 바뀌었다. 1980년대 들어 녹색 운동의 영향으로 자전거 전용 도로가 다시 생겨났다. 우리나라에도 자전거 도로가 곳곳에 설치되어 있다.

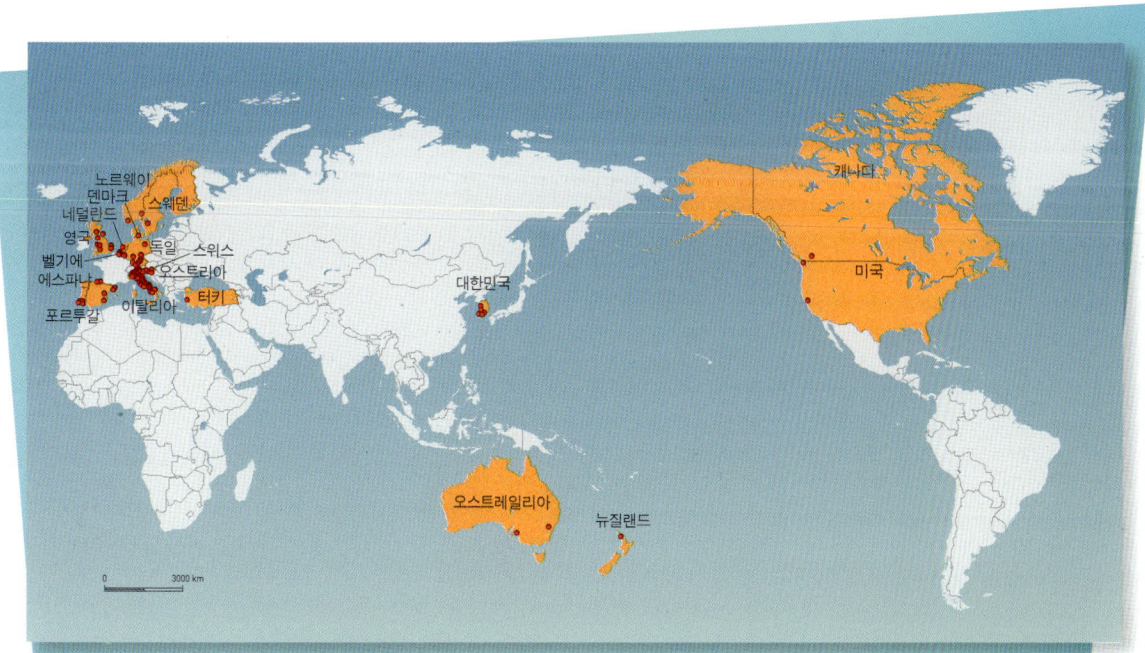

슬로시티 운동에 참여하고 있는 도시들의 분포 | 슬로시티 운동은 1990년대 초반 이탈리아 그레베 인 키안티에서 처음 시작되어, 1999년에는 이탈리아의 몇몇 시장들이 슬로시티 운동을 출범시켰다. 우리나라는 전남 신안군·장흥군·담양군·완도군과 경남 하동군, 충남 예산군이 가입되어 있다.

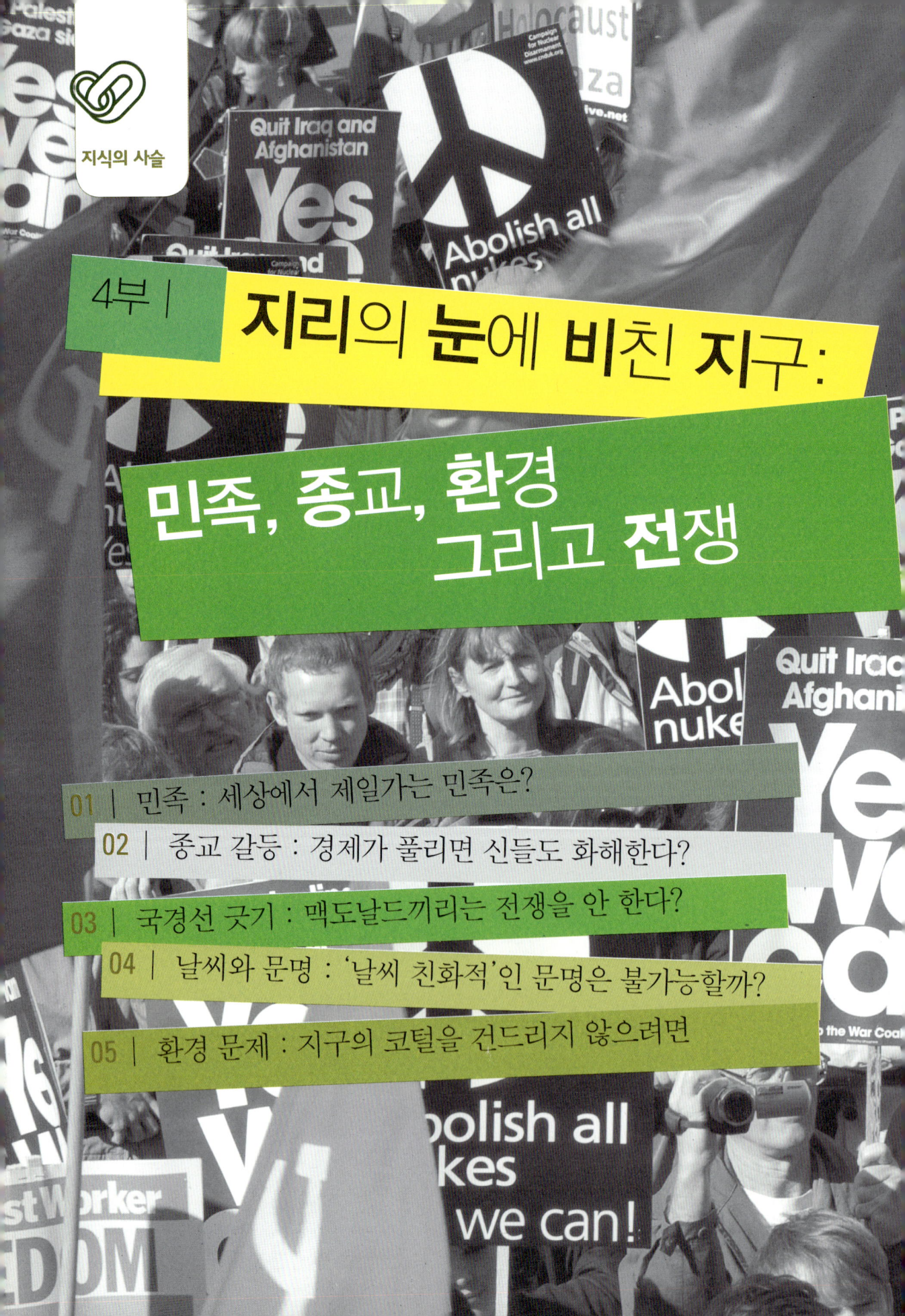

지식의 사슬

민족과 종교, 환경 문제는 지리학의 큰 영역들이다. 또한 이는 철학자들이 깊이 고민했던 주제들이기도 하다. 지난 20세기에는 민족 갈등이 온 세상을 뒤덮다시피 했었다. 민족과 종교라는 말이 전쟁을 자연스럽게 떠올리게 할 정도였다. 21세기에는 물, 자원 등 환경을 둘러싼 갈등이 민족과 종교 갈등만큼이나 심각해지고 있다. 인류가 평화롭고 행복하게 살아가려면 이 문제들에 대한 깊은 고뇌가 필요하다.

01 민족 : 세상에서 제일가는 민족은?

20세기 중반까지만 해도, 사람들은 동물의 종자처럼 인간도 훌륭한 부류와 덜떨어진 부류로 나뉜다고 믿었다. 그래서 한때 독일에서는 진정한 독일 '민족' 인 아리안 족을 가린답시고 얼굴 골격을 재는 코미디 같은 일을 벌이기도 했다. 민족을 감쌌던 그 열기는 아직도 유령처럼 국제화되는 세계의 발목을 잡는다. 다문화 가정을 바라보는 일부의 싸늘한 시선만 해도 그렇다. 민족을 둘러싼 논란을 통해 인권과 인류의 발전에 대해 고민해 보자.

주인을 지키는 세퍼드와 주인에게 따듯함을 주는 푸들은 덩치도, 역할도 매우 다르다.

셰퍼드와 푸들이 똑같은 개라고?

셰퍼드는 덩치가 큰 개다. 근육질의 남자하고 겨루어도 밀리지 않을 정도다. 푸들은 팔에 꼭 안길 만큼 앙증맞다. 우울한 이들에게 푸들은 따듯함을 안긴다. 하지만 푸들에게 셰퍼드처럼 '도둑 잡는 개' 노릇을 시키기란 어렵다. 마찬가지로 산만한 셰퍼드가 푸들 같이 애교를 부리며 엉겨든다면 '대략 난감'하다. 똑같은 개지만 셰퍼드와 푸들은 하늘과 땅만큼이나 다르다.

사람도 그렇다. 아프리카의 피그미[1]는 대부분 키가 150센티미터도 안 되지만, 백인인 앵글로·색슨 족[2]은 평균 신장이 180센티미터를 가볍게 넘는다. 그러면 개의 종류에 따라 특징이 아주 다르듯 사람도 인종별로 다르지 않을까? 어떤 인종은 운동을 잘하지만 어떤 부류는 머리가 좋다, 어떤 인종은 용맹하지만 다른 인종은 다정하다, 뭐 이런 식으로 말이다.

인종은 눈으로도 쉽게 가려진다. 피부 색깔만으로도 백인, 흑인, 황색인으로 나눌 수 있겠다. 똑같은 백인이라도 유럽 북쪽에 사는 게르만 족[3]은 키가 매우 크다. 반면 남부 유럽에 많은 라틴 족[4]은 작다. 동양인도 그렇다. '남남북녀'가 괜한 말은 아니다. 북쪽으로 갈수록 얼굴 윤곽은 더 또렷해진다. 콧대가 오뚝하고 턱 선이 갸름하다. 그러니 미인이 많을 수밖에 없다.

반면 남쪽으로 갈수록 콧날은 낮아지며 얼굴 모양새도 평퍼짐해진다. 우직하고 친근한 인상을 주는 이유다. 태국이나 베트남 사람들은 우리보다 콧날이 낮고 윤곽이 둥글둥글하다.

왜 이렇게 생김새가 달라질까? 생물학자들은 그 이유를 폐에서 찾는다. 폐는 아주 예민해서 찬 공기가 들어가면 금방 탈이 난다. 그래서 코 안에는 공기를 알맞게 덥혀 주는 '히터'가 있다. 머리 안쪽의 텅 빈 공간, 비공(鼻孔)이 그것이다. 코로 들어온 공기는 이곳에서 머

---

1 주로 아프리카에 사는, 평균 신장 150센티미터 이하의 종족이다. 피부는 황갈색이며 원시림에서 수렵 및 채집 생활을 한다.

2 5세기 무렵 독일에서 영국으로 건너가 여러 왕국을 세운 게르만 민족의 한 분파이다. 앵글 족·색슨 족·유트 족으로 구성되며, 현재 영국 국민의 주된 혈통이다.

3 백색 인종으로 키가 크고 금발이며 눈이 푸르다. 유럽 각지에 게르만 왕국을 건설하여 독일, 네덜란드, 영국 및 북유럽 여러 나라를 이루었다.

4 인도·유럽 어족에 속하는 이탈리아 인의 일파이다. 기원전 10세기 무렵에 이탈리아의 라티움 지방에 정착했으며, 기원전 7세기에서 기원전 6세기 사이에는 로마 시를 세웠다.

인종과 민족

인류를 생물학적으로 구분할 때, 피부색, 머리카락 등 신체의 유전적인 특징이 같은 집단을 인종이라고 한다. 인종은 생물학적 구분일 뿐, 풍속이나 문화와는 관계가 없다. 따라서 문화적인 개념인 민족과는 다른 개념이다. 민족은 일정한 지역에서 장기간에 걸쳐 공동생활을 함으로써 언어·풍습·종교·정치·경제 등 각종 문화를 공유하는 인간 집단의 최대 단위이다.

무르며 온기와 습기를 갖춘다. 그 다음 폐로 들어간다.

추운 데 사는 사람들은 비공이 커야 한다. 공기가 너무 차가운 탓이다. 그래서 콧대는 절로 올라간다. 얼굴 안에 넓은 공간을 만들어야 하니, 코가 튀어나오고 얼굴도 위 아래로 길어야 할 테다. 더운 곳에 사는 이들은 비공이 작아도 상관없다. 덥히지 않아도 공기가 따뜻하기 때문이다. 그러니 코가 낮고 얼굴도 둥그스름하다. 이처럼 기온은 인종의 차이를 만드는 데 적잖은 역할을 했다.

5 바티칸 시국(市國)에 있는 교황의 궁전이다. 바티칸 시국은 이탈리아의 로마 시 안에 있는 도시 국가로, 로마 교황을 원수로 하는 독립국이다. 6세기에 교황청이 세워진 후 전 세계 가톨릭을 총괄해 왔다. 1870년에 이탈리아에 합병 되었다가 1929년에 국가로 독립했다.

왜 스위스 군인을 으뜸으로 꼽았을까

그뿐 아니다. 인종이 같아도 한국인, 중국인, 일본인은 또 다르다. 같은 백인이라도 영국인, 독일인이 다른 것처럼 말이다. 이를 '민족 차이'라고 할 수도 있겠다. 예를 들어 보자. 중국과 일본은 일단 처한 환경이 다르다. 중국 사람들은 스케일이 크다. 뭘 해도 큼지막하다. 반면 일본 사람들에게는 '섬나라 근성'이 느껴진다. 하는 일마다 작고 아기자기하며 앙증맞다.

예전에는 '스위스 군인'을 으뜸으로 쳤다. 지금도 가톨릭 교황이 사는 바티칸 궁전[5] 경비는 스위스 사람들이 맡고 있다. 거친 산에 사는 탓에 몸이 튼튼하고 성격도 담대한 까닭이다.

민족의 성격은 환경뿐 아니라 말에 따라서도 달라지는 듯싶다. 독일어는 논리적이고 정교하다. 그래서인지 뛰어난 과학자들이 많다. 반면 정감 있고 표현이 풍부한 이태리어 탓인지 이탈리아는 예술로 유명하다.

스위스 용병

루체른 사자상

스위스 용병은 중세 후기부터 유럽의 여러 나라, 특히 프랑스에 고용되어 각종 전쟁에 참여했다. 스위스 루체른에는 화살에 맞아 죽어 가는 사자를 조각한 커다란 사자상이 있는데 스위스 용병들의 죽음을 기리기 위해 세웠다. 스위스 용병들은 1500년 무렵부터 교황을 호위하기 시작했는데, 교황의 목숨을 구한 일을 계기로 오늘날까지 교황 근위대를 맡고 있다.

민족을 다시 지역별로도 쪼개 볼 수 있겠다. 똑같은 한국인이라고 해도 경상도와 전라도 사람들의 성격은 다르다. 경상도가 무뚝뚝하고 속정 깊다면, 전라도는 사근사근하고 잔정이 많다. 독일에서도 북쪽 사람들은 말이 없고 치밀한 반면, 남쪽 사람들은 맥주를 좋아하고 정감 넘친다.

이렇듯 인종별로, 민족별로, 지역별로 사람들의 굵직한 특징들이 가려진다. 그렇다면 이 가운데 가장 우수한 민족, 그 가운데서도 가장 뛰어난 지역 사람들을 추려낼 수 있지 않을까? 개를 고를 때 집 지키는 데는 진돗개를, 달리기에는 그레이하운드를 최고로 치듯, 사람도 논리적인 머리가 필요할 때는 독일인, 치밀한 일을 할 때는 일본인, 뚝심 있는 역할을 맡아야 할 때는 한국인, 뭐 이런 식으로 골라낼 수 있지 않을까 하는 말이다.

일본이 아시아의 형님 민족이라고?

역사적으로 이런 일은 얼마든지 있어 왔다. 히틀러는 '아리안(게르만 족)'이 세상에서 가장 우수한 민족이라고 믿었다. 그래서 얼굴과 코의 크기, 손발

길이 등을 재서 '순수 아리안 혈통'을 가려내려 했다. 동시에 그는 유대 인과 집시를 쓰레기 같은 인종으로 여겼다.

민주주의가 태어난 곳인 그리스의 사람들도 그랬다. 그리스인은 자기네들, 그 가운데서도 남자들만 진짜 '사람'이라고 보았다. 그 외의 사람들은 '바르바로스'라고 불렀는데, 이는 '딴 나라 말로 지껄이는 이상한 족속들' 정도의 의미다.

20세기 초, 일본 사람들도 자신들을 아시아에서 제일가는 '형님 민족'으로 여겼다. 그 다음은 한국인, 중국인, 동남아 사람 순이다. 한 가정에서는 아버지와 어머니, 형님 아우가 위아래를 따져 질서를 이룬다. 마찬가지로 나라들끼리도 우수한 민족과 떨어지는 민족 사이의 서열을 매겨야 한다. 그 가운데 일본 민족이 가장 우수하므로 가장 높은 자리에 놓여야 한다. 아시아 여러 나라를 집어삼키려고 그들이 내세웠던 '대동아공영권'은 대충 이런 내용이다.

일본의 대동아공영권 홍보물
대동아공영권이란 일본을 중심으로 함께 번영할 동아시아의 여러 민족과 지역의 공존의 범위를 말하는 것으로, 2차 세계 대전 당시 일본이 아시아 대륙에 대한 침략을 합리화하기 위하여 내건 정치 표어이다.

하지만 조금만 생각해 보면, 우수한 민족이 있다는 생각은 '완전한 사기극'이라는 것을 금방 알 수 있다. 독일 사람들은 냉철하고 이성적이다. 그렇다면 성질 나쁘기로 악명 높았던 베토벤(1770~1827) 같은 인물은 도대체 뭐란 말인가? 흑인은 고무공 같이 몸이 유연해서 농구를 잘한다고 한다. 그러나 농구를 뒷집 형보다 못하는 흑인은 없는가? 지역감정도 똑같다. 흔히 경상도 사람들은 무뚝뚝하고 거세다고 한다. 하지만 우리 주변에 사근사근하고 잔정 깊은 경상도 사람은 없는가? 얼마든지 많을 터다.

근본 속성 오류(fundamental attribute error)라는 것이 있다. 내가 숙제를 못 한 이유는 너무 바빴기 때문이다. 하지만 짝꿍

이 숙제 '안 한' 이유는 원래 게으르고 멍청한 아이인 까닭이다. 자기 잘못은 상황 탓, 남의 허물은 원래 근성이 글러 먹은 탓이다. 이게 근본 속성 오류다.

민족의 특성을 가늠할 때도 똑같은 잘못이 나타난다. 우리나라가 가난했던 이유는 주변에 강한 나라가 너무 많았기 때문이다. 그러나 아프리카의 어느 지지리 궁상인 나라가 못사는 이유는? 혹시 원래 민족성이 그래서라며 몰아붙이지는 않는가?

나아가, '민족성', '인종의 특성'이란 사실 허구에 가깝다. 에릭 홉스봄 (1917~) 이라는 학자는 전통 가운데 대부분은 억지로 만들어진 것에 지나지 않는다고 털어놓는다. 생각해 보라. 과연 고구려인과 신라인이 서로 '우리는 한 민족'이라고 생각했을까? 히틀러는 '우수한 독일 민족'을 외쳤지만, 150년 전만 해도 독일인의 국가란 아예 없었다. 아랍 인과 유대 인은 서로 으르렁거리고 따지지만, 그들은 같은 셈 족으로 대부분의 문화를 함께 나눈다.

한민족의 상징이라는 김치도 사실 300년이 채 안된 음식이다. 고춧가루가 우리나라에 들어온 것이 임진왜란 후이니 말이다. 스코틀랜드 인의 상징인 백파이프와 킬트[6]도 사실 100여 년 전에 '만들어진 전통'에 지나지 않는다. 이런 예는 무수히 많다.

6 킬트를 입고 백파이프를 불고 있는 스코틀랜드 남자.

잡종을 두려워 말라!

사람들은 끊임없이 무리 지으려는 속성이 있다. 돈 많은 이들은 고급 아파트 단지에 모여 살려고 하며, 공부 잘하는 친구들은 알게 모르게 자기들끼리만 뭉치려고 한다. 사람들은 강하고 약한 특징에 따라 고만고만한 치들끼리 서로 무리 짓는다. 그러곤 자기 외의 사람들을 깔보는 눈초리로 바라본다.

이런 속 좁은 생각은 나라나 민족 사이에서도 흔하게 일어난다. '순수 혈통'을 지킨답시고 역사상 얼마나 많은 민족과 나라들이 서로를 밀쳐냈는가. 하지만 정작 세계를 지배했던 나라들은 하나같이 '잡종'들이었다.

'로마 민족'이라는 말을 들어 보았는가? '미국 민족'은? '프랑스 민족'은? 이들에게는 나라만 있을 뿐 '민족'은 없다. 자연이나 사람이나 섞일수록 강해진다.

음식을 예로 들어보자. 피자와 스파게티는 이탈리아 음식이다. 그러나 철저하게 미국화되었던 까닭에 세계적인 음식이 될 수 있었다. 미국은 여러 민족으로 이루어진 나라다. 여러 문화의 입맛을 맞추다 보니 비로소 맛도 진화할 수 있었던 것이다.

이런 예는 우리에게도 얼마든지 많다. '자장면'은 흔한 중국 음식이지만, 정작 중국에는 없는 '한국형 중국 음식'이다. 자장면은 다시 중국과 일본으로 건너가서 또 다른 음식으로 진화하는 중이다. 엘에이(LA) 갈비는 갈비찜만큼이나 우리의 입맛을 끈다. 베트남 쌀국수도 우리에게 이제 그다지 낯선 음식이 아니다. 여기에는 국제결혼 등을 통해 동남아의 문화가 우리에게 더 가깝게 다가오게 된 탓도 분명 있다. 아마도 몇십 년 후면 엘에이(LA) 갈비처럼 '대구 쌀국수'라는 '한국 음식'이 나올지도 모르겠다. 이처럼 문화는 여러 민족이 섞이는 가운데 더욱더 풍성하고 아름다워진다. 내 편 네 편을 가르며 '순수성'을 지키려 했다면 절대로 있을 수 없는 진보다.

다문화 가정을 아직도 색안경을 끼고 보는 사람들이 있다. '배달민족'이고 '단군의 자손'인 우리 민족에 다른 피가 섞이는 것이 께름칙하다는 불평도 들린다.

하지만 '우리 민족만의 것'이 과연 무엇인지 한번 따져 보자. 소주는 몽골의 음식이 우리 것으로 바뀐 것이고, 한복의 마고자는 청나라 옷에서 아이디어를 빌려 왔다. 말도 그렇다. 중국어와 한국어, 일본어에는 비슷한 낱말이 많다. 같이 한자를 쓴 데다가 예전부터 교류가 워낙 많았던 탓이다. 최근에는 영어가 우리말에 많이 녹아들고 있다. 영어에도 역시 세계 여러 곳의 말들이 스며든다. 이렇게 문화가 만나며 언어 표현은 더욱 풍부해진다.

낯선 사람들과 섞여서 우리 민족의 장점이 흐려졌을까? 북한은 '우리 민족끼리'를 줄기차게 외치더니 세상에서 가장 가난한 나라가 되고 말았다. 자연에 순수함이란 없다. 그레이하운드도, 요크셔테리어도 원래 자연 속에는 없었다. 사람들이 억지로 같은 종끼리 접붙여서 만든 것들이다. 그레이하운드는 달리기만 잘할 뿐, 나머지 일에서는 젬병이다. 요크셔테리어는 귀엽지만 아무짝에도 쓸모가 없다. 이처럼 억지로 만든 순종들은 장점보다 단점이 훨씬 더 많다. 사람도 이런 식으로 '접붙이듯' 순종을 만들어야 할까? 순수한 종은 특유의 병과 결점을 하나씩 달고 산다. '잡종'이 되기를 두려워하지 말아야 하는 까닭이다.

여러 종류의 꽃이 모여 아름다운 꽃다발을 이루듯 다양한 사람들이 모여 풍성한 문화와 사회를 이룬다.

179

02 종교 갈등 : 경제가 풀리면 신들도 화해한다?

아랍 인들은 십자군 전쟁을 '프랑크 족의 침입'이라고 부른다. 지금으로 치자면 프랑스, 독일 쪽 사람들이 자기네 땅을 침범해 왔다는 뜻이다. 이 말은 '십자군' 처럼 종교적인 냄새가 별로 풍기지 않는다. 흔히 종교 갈등은 도저히 풀지 못할 문제처럼 여겨지곤 한다. 유대 교, 기독교와 이슬람 교가 피비린내 나게 싸우는 서아시아 지역처럼 말이다. 그러나 세상에는 다른 종교끼리 사이좋게 지내는 경우도 많다. 종교 갈등을 푸는 해법을 지리적으로 생각해 보자.

생존 경쟁은 검독수리와 참수리, 보리고래와 귀신고래처럼 비슷한 종 사이에서 치열하게 전개된다.

고래와 독수리는 왜 안 싸울까

고래와 독수리는 싸우지 않는다. 사는 곳이 아예 다르기 때문이다. 고래는 플랑크톤을 먹고, 독수리는 쥐 고기를 즐긴다. 먹을거리를 놓고 다툴 일도 없다. 치열한 생존 경쟁은 비슷한 종(種)들 사이에서 일어난다. 보리고래와 귀신고래는 사이가 좋을 리 없다. 검독수리와 참수리의 관계도 마찬가지다. 음식이 같고 보금자리도 비슷하니 다툼이 일어날 수밖에 없겠다.

종교도 그렇다. 대개 비슷한 종교끼리 갈등을 빚는다. 가장 끔찍했던 종교 전쟁은 기독교도들 사이에서 일어났다. 가톨릭과 개신교가 부딪힌 30년 전쟁[1] 동안, 독일 지방에서만 500만 명의 사람들이 죽었다. 반면 인도의 자이나 교와 중국의 유교가 충돌하는 모습은 상상하기도 쉽지 않다. 두 종교는 퍼진 지역뿐 아니라 믿는 이들의 성격도 워낙 다르기 때문이다.

세계 곳곳에서는 종교를 둘러싼 다툼이 끊이지 않는다. 인도와 파키스탄은 힌두 교와 이슬람 교로 갈라져 으르렁거린다. 이슬람 교와 동방 정교회[2] 사이의 갈등도 심각하다. 이슬람 교와 정교로 나누어진 터키와 그리스는 천 년 넘은 앙숙이다. 러시아 체첸에서는 전투가 드물지 않다. 러시아는 원래 정교를 믿던 지역이고 체첸 사람들은 이슬람 교를 따른다. 카자흐스탄, 투르크메니스탄 등 러시아에서 떨어져 나온 나라들은 이슬람 교로 똘똘 뭉쳐 있다. 기독교와 이슬람 교의 라이벌 관계는 이라크, 아프가니스탄 전쟁에서도 드러난다.

이처럼 종교 갈등 지역을 짚어 가다 보면 이슬람 교가 많이 눈에 띈다. 그 가운데

[1] 1618년에서 1648년까지 독일을 무대로 개신교와 가톨릭 간에 벌어진 종교 전쟁이다. 개신교 측에 덴마크, 스웨덴, 프랑스, 가톨릭 측에 에스파냐가 참여하면서 국제 전쟁이 되었다. 베스트팔렌 조약에 의하여 독일에서는 신앙의 자유가 인정되었고, 네덜란드와 스위스가 독립했다. 그러나 독일에서는 국토가 황폐해지고 인구가 크게 줄어들었다.

[2] 그리스 정교회라고도 한다. 로마를 중심으로 하는 서방 교회와 분리되어 콘스탄티노플을 중심으로 발전했다. 로마 교황을 인정하지 않고, 의식을 중시하며 신비적 경향이 강하다. 동유럽과 러시아에 널리 퍼져 있다.

종교 개혁과 종교 전쟁

16세기에 유럽에서 로마 가톨릭에 반대하여 일어난 개혁 운동을 종교 개혁이라고 한다. 1517년, 루터가 95개조 반박문을 내세우며 면죄부 판매를 공격한 데서 비롯했다. 개인의 신앙과 성서 해석의 중요성을 강조했고, 프로테스탄트 교회(개신교)가 성립되었다. 루터의 종교 개혁 이후 유럽에서는 가톨릭과 개신교의 대립으로 100년에 걸쳐 종교 전쟁이 일어났다. 당시 종교 전쟁은 정치, 사회 문제와 결부되어 복잡하게 진행되었다. 에스파냐의 지배를 받고 있던 네덜란드는 개신교도가 중심이 되어 독립 전쟁을 일으켰고, 1581년 북부의 7개 주는 독립을 선언했다. 프랑스에서는 16세기 후반 신교도인 위그노와 가톨릭 교도의 대립으로 위그노 전쟁이 일어났다. 36년 간에 걸친 전쟁은 위그노의 지도자인 앙리 4세가 즉위하여 가톨릭으로 개종하고 끝났다. 독일에서는 30년 전쟁이 일어나 큰 피해를 입었다.

서도 기독교와 이슬람 교의 충돌은 더욱더 두드러진다. 왜 이슬람 교는 전쟁이 잦을까? 기독교와 곳곳에서 부딪히는 이유는 무엇일까?

마리아와 마르얌, 예수와 무함마드

이슬람 교와 기독교는 아주 비슷하다. 기독교의 하나님과 이슬람 교의 알라는 똑같은 신이다. ('알라'는 '신'이라는 뜻이다. 따라서 '알라신'은 없다.) 노아, 아담, 아브라함, 모세, 다윗 등 기독교 성서의 인물들은 이슬람 교의 경전인 『쿠란』에도 똑같이 등장한다. 『쿠란』에는 성모 마리아와 예수 탄생까지도 담겨 있다. 이슬람 교는 마리아를 '마르얌'이라고 부르며 존경한다. 이슬람 교도들은 예수도 아주 중요한 스승으로 섬긴다.

하지만 이슬람 교에서 예수는 신의 뜻을 전하기 위해 온 예언자일 뿐이다. 이슬람 교도들은 무함마드를 예수 다음에 신이 보내 준 마지막 사자(使者)로 굳게 믿는다. 반면 기독교에서 예수는 신의 아들이다. 그를 믿지 않고서는 누구도 천국에 이르지 못한다.

기독교에서는 믿는 내용이 조금만 달라도 목숨을 건 이단(異端) 논쟁을 벌인다. 기독교의 입장에서 볼 때 신인 예수를 인간으로 여기는 이슬람 교는 이단 중의 이단이다. 이슬람 교 쪽에서도 마찬가지다. 기독교인들은 무함마드의 말을 따르지 않는다. 신의 온전한 뜻을 따르지 않는 기독교가 달가울 리가 없다.

게다가 이 두 종교는 성지(聖地)까지 같다. 예루살렘은 기독교에게나 이슬람 교에게나 신성한 땅이다. 성스러운 땅을 부동산 가르듯 나눠 가질 수는 없는 법, 이 둘은 부딪힐 수밖에 없겠다. 생존 경쟁은 비슷한 종들 사이에서 치열하다. 형제 종교인 기독교와 이슬람의 다툼이 잦은 이유다.

① 슬픔의 길—예수가 법정에서 사형 선고를 받은 후 골고다 언덕까지 십자가를 지고 걸어갔다는 길.

② 통곡의 벽—로마가 예루살렘을 함락했을 때 로마 제국의 위대함을 과시하기 위해 남긴 벽이다. 나라를 잃고 전 세계에 흩어진 유대 인들이 이곳에 와 슬피 울며 기도를 해서 붙여진 이름이다.

③ 성전산—아브라함이 아들 이삭을 제물로 드린 산이다. 유대 인과 기독교인, 이슬람 교도에게 가장 성스러운 곳으로 여겨진다.

④ 황금사원—아브라함이 이삭을 제물로 삼았던 바위 위에 세워진 사원이다. 이슬람의 전설적인 영웅 살라딘이 함락한 후 이슬람 성지가 되었다.

⑤ 베데스다—예수의 기적으로 병든 자가 병을 고친 곳이다.

예루살렘 옛 시가지 | 유대교, 기독교, 이슬람 교가 각기 자기 성지라고 주장하는 곳이다. 총면적이 1제곱킬로미터에 불과한 지역으로, 한 변의 길이가 1킬로미터쯤 되는 성벽으로 둘러싸여 있다. 네 구역으로 나눠 유대 인, 아르메니아 인, 이슬람 교도, 기독교인이 거주하고 있으며 거주자들의 종교와 다른 종교의 유적을 곳곳에서 볼 수 있다.

부르카와 대형 교회 – 생활을 다잡는 종교들

새벽, 정오, 오후, 저녁, 밤. 이슬람 신자들은 하루 다섯 번씩 메카를 향해 절을 한다. 기독교도도 다르지 않다. 새벽 기도, 세끼 식사 기도, 취침 기도를 합치면 하루 중 신에게 바치는 시간은 비슷하다. 기도만 성실하게 해도 일상에서 신앙을 놓아 버릴 틈은 거의 나지 않을 테다. 서너 시간 간격으로 계속 신의 뜻을 마음에 새기는 까닭이다.

신앙은 생활 모습 전체를 바꾸어 버린다. 종교에 따라 사람들 이름도 달라진다. 피터(Peter), 조셉(Joseph), 톰(Tom) 같은 영어 이름은 각각 성인(聖人)인 베드로, 요셉, 토마스 아퀴나스에서 왔다. 이슬람 교도 이름에는 무함마드, 알리, 후세인이라는 말이 많이 들어간다. 이것 또한 이슬람 교의 선지자였던 사람들의 이름이다.

만약 어떤 권력자가 더운 여름날 머리부터 발끝까지 검은 천으로 가리고 다니라고 하면 어떨까? 아무리 위협해도 지켜질 가능성은 거의 없다. 하지만 이슬람 지역에서는 부르카[3]로 온몸을 휘감은 여성들이 쉽게 눈에 띈다. 기독교도 마찬가지다. 우리나라 거리 곳곳에는 웅장한 교회 건물들이 들어서 있다. 한두 푼에 절절매는 사람도 신앙 앞에서는 주머니가 너그럽게 열린다.

이처럼 생활을 강하게 다잡는 종교가 다른 믿음과 타협할 가능성이 있을까? 돈 때문에 생긴 싸움은 돈이 생기면 해결된다. 그러나 종교 문제에서는 탈출구가 없다. 이슬람 기도 장소인 모스크와 교회를 같이 짓는다 해서, 두 종교가 화해하지는 않는다. 모스크만 남기고 교회를 없애 버려도, 교회를 남기고 모스크를 없애도 갈등은 계속된다. 종교인에게 타협은 합리적인 해결이 아니라, '변절과 타락'으로 여겨지는 탓이다. 곳곳에서 충돌하는 이슬람 교와 기독교의 모습이 점점 걱정되는 이유다.

[3] 이슬람 여성들의 전통 옷차림 가운데 하나로, 머리에서 발목까지 덮어써서 신체의 모든 부위를 가리는 통옷 형태이다. 아프가니스탄을 비롯한 아라비아 반도 일부와 베두인 족의 일부 여성, 인도와 파키스탄의 일부 여성들이 입는다. 여성 억압의 상징으로 여겨지기도 하는데, 특히 아프가니스탄에서 탈레반이 집권한 뒤 부르카 착용을 강제하고 있다. 이슬람 전통 여성 복식 중 머리에서 어깨까지 덮어쓰는 것을 차도르(chador), 머리와 상반신을 가리는 옷을 히잡(hijab), 머리와 손을 제외한 신체를 가리는 옷을 아바야(abaya), 히잡에 코 아래로 얼굴 가리개를 덧붙인 옷을 니캅(niqab)이라고 한다.

중국이 불교를 길들이다?

하지만 걱정은 내려놓아도 좋을 듯싶다. 불교는 중국에 일찍부터 전해졌다. 그럼에도 중국은 '인도화'되지 않았다. 되레 불교가 중국화되었다. 기독교도 마찬가지다. 우리나라 기독교인의 숫자는 천만 명을 헤아린다. 그럼에도 조상에 대한 제사를 죄로 여기는 목소리는 크지 않다. 폴리네시아 마오리 족의 교회에는 '마래(Marae)'라는 공간이 마련되어 있다. 하나님 외에 원래 자기들의 신을 모시는 공간이다. 우리의 기독교에

마래(Marae)
뉴질랜드에 있는 마래
의 외부 모습이다. 마래
는 종교 기관이자 마을
회관과 같은 역할을 한다.

도 '공식화'되어 있지 않을 뿐, 이와 비슷한 모습이 곳곳에서 보인다. 점을 보러 다니거나 징크스에 신경 쓰는 '신자'들의 수는 결코 적지 않다. 아랍 인들도 별다르지 않다. 열심히 기도 올리는 신심 깊은 이슬람 교도도 코카콜라를 마시고 청바지를 입는다.

세계적으로 널리 퍼진 종교에는 '하지 말라'는 금기(禁忌)가 그다지 많지 않다. 엄격해 보이는 이슬람 교도 못 먹게 하는 음식은 돼지고기뿐이다. 가톨릭에서는 지나치지만 않으면 술과 담배까지도 허락한다.

종교는 생활에 큰 불편을 주지 않아야만 '세계화' 된다. 자이나 교도들은 굶고 자신을 때리며 스스로를 괴롭힌다. 혹시 벌레 같은 생명을 죽일까 봐 빗자루 질을 하면서 길을 걷는다. 이런 종교가 과연 세상에 널리 퍼질 수 있을까?

물론 어떤 종교에건 일상을 옥죄이며 신앙을 철저하게 지키는 '근본주의자'들이 있다. 그러나 근본주의는 언제나 소수일 뿐이다. 이슬람 교에는 엄격하게 교리(教理)를 따르는 시아 파보다 온건한 수니 파[4]의 숫자가 훨씬 많다. 기독교도 마찬가지다. 절대 예외 없이 『성경』대로 살자는

[4] 시아 파와 수니 파는 이슬람 교의 2대 종파이다. 정통파는 수니 파로, 이슬람 교도의 약 90퍼센트를 차지한다. 시아 파는 무함마드의 사위인 알리가 무함마드의 후계자가 되어 세운 교파이다. 역대의 칼리프(이슬람 교의 지배자)를 정통 후계자로 인정하지 않기 때문에 수니 파와 대립한다.

185

목소리는 언제나 소수에 그친다.

종교는 사회에 좋은 영향을 끼칠 때에만 널리 퍼진다. 이슬람 교는 결코 폭력적이지 않다. 오히려 이슬람 교는 전쟁과 약탈이 그치지 않았던 아랍 세계에 평화를 가져다 준 종교다. 사막에 살던 민족들은 부족으로 흩어져 살았다. 이들에게는 '공동체'라는 생각이 약했기에 상대 부족을 모조리 죽이고 재산을 빼앗은 일도 '상식'처럼 여겨졌다.

이슬람 법인 샤리아는 전쟁 중에도 상대방의 땅을 망가뜨리지 못하도록 막는다. 여자와 어린이를 함부로 죽여서는 신의 벌을 받을 테다. 도적질, 살인 등등의 일은 '신의 명령'으로 더욱 엄격하게 금지되었다. 이슬람 교가 아랍인들에게 환영받았던 이유다. 아랍 세계는 이슬람 교를 통해 비로소 평화를

9·11테러
2001년 9월 11일 발생한 테러 사건이다. 미국 뉴욕의 110층 세계 무역 센터(WTC) 쌍둥이 빌딩과 워싱턴의 국방부 건물을 표적으로 삼은 항공기 자살 테러 사건이었다.

찾기 시작한 셈이니까. 반면 알 카에다[5] 같은 테러리스트들은 대부분의 이슬람 세계에서 호응을 받지 못한다. 폭력을 좋아하는 사람은 흔치 않다.

이 점은 기독교에서도 똑같다. 우리 사회에서 기독교는 '인간 개조 프로젝트'로 다가왔다. 금연·금주 및 성실한 태도. 기독교인들 가운데는 교육 많이 받은 엘리트들이 많았고, 근면한 생활을 몸소 실천했다. 예수 믿고 사람 바뀌었다는 소리도 곧잘 나왔다. '서양의 선진 문화=기독교'로 여겨졌을 정도다. 기독교가 짧은 시간 안에 우리 사회 널리 퍼진 이유다. 반면, "예수를 믿으면 천국 가고 믿지 않으면 지옥 간다!"라고 외치는 극성스런 신자들을 따르는 무리는 많지 않다. 종교는 합리적이고 사회에 이익을 줄 때만 사람들 마음에 스며든다.

종교 갈등은 경제 문제다

상식 있는 종교인들은 좀처럼 싸우지 않는다. 따지고 보면 이슬람교와 기독교가 부딪힌 적은 얼마 되지 않는다. 십자군 전쟁[6]을 아랍인들은 '프랑크 족의 침입'이라고 부른다. 그들의 역사책에서 십자군은 그다지 큰 사건이 아니다. 서아시아에 늘 있었던 고만고만한 전쟁 가운데 하나로 여길 뿐이다.

이슬람 교도들은 기독교인들의 예루살렘 순례를 막지 않았다. 기독교인들에게는 유럽의 길보다 오히려 아랍 쪽 도로가 훨씬 안전했다. 이슬람 교로서는 굳이 '신앙의 형제'인 기독교도를 미워할 이유가 없었다. 베네치아, 제노바 등 기독교 도시들도 아랍 권과 활발하게 거래를 했다.

지금도 마찬가지다. 아랍 에미리트의 수도 두바이에는 기독교 문명권인 유럽·미국의 기업들이 많이 나가 있다. 사우디아라비아와 쿠웨이트, 터키와 말레이시아 등 이슬람 국가들은 기독교 문명권과 별 갈등 없이 잘 지낸다.

[5] 사우디아라비아의 오사마 빈 라덴이 조직한 국제 테러 단체이다. 1991년 걸프 전쟁이 일어나면서 반미 세력이 되었고, 막대한 자금과 군사력을 바탕으로 34개국에 달하는 국가에서 활동하고 있는 것으로 알려져 있다.

[6] 11세기 말에서 13세기 말 사이에 서유럽의 기독교도들이 성지 팔레스티나와 성도 예루살렘을 이슬람 교도들로부터 되찾기 위해 여덟 차례에 걸쳐 일으킨 전쟁이다. 기독교도와 이슬람 교도와의 싸움이라는 점에서 종교 전쟁의 성격이 강하나, 정치적·경제적·사회적 요인도 복잡하게 얽혀 있다.

187

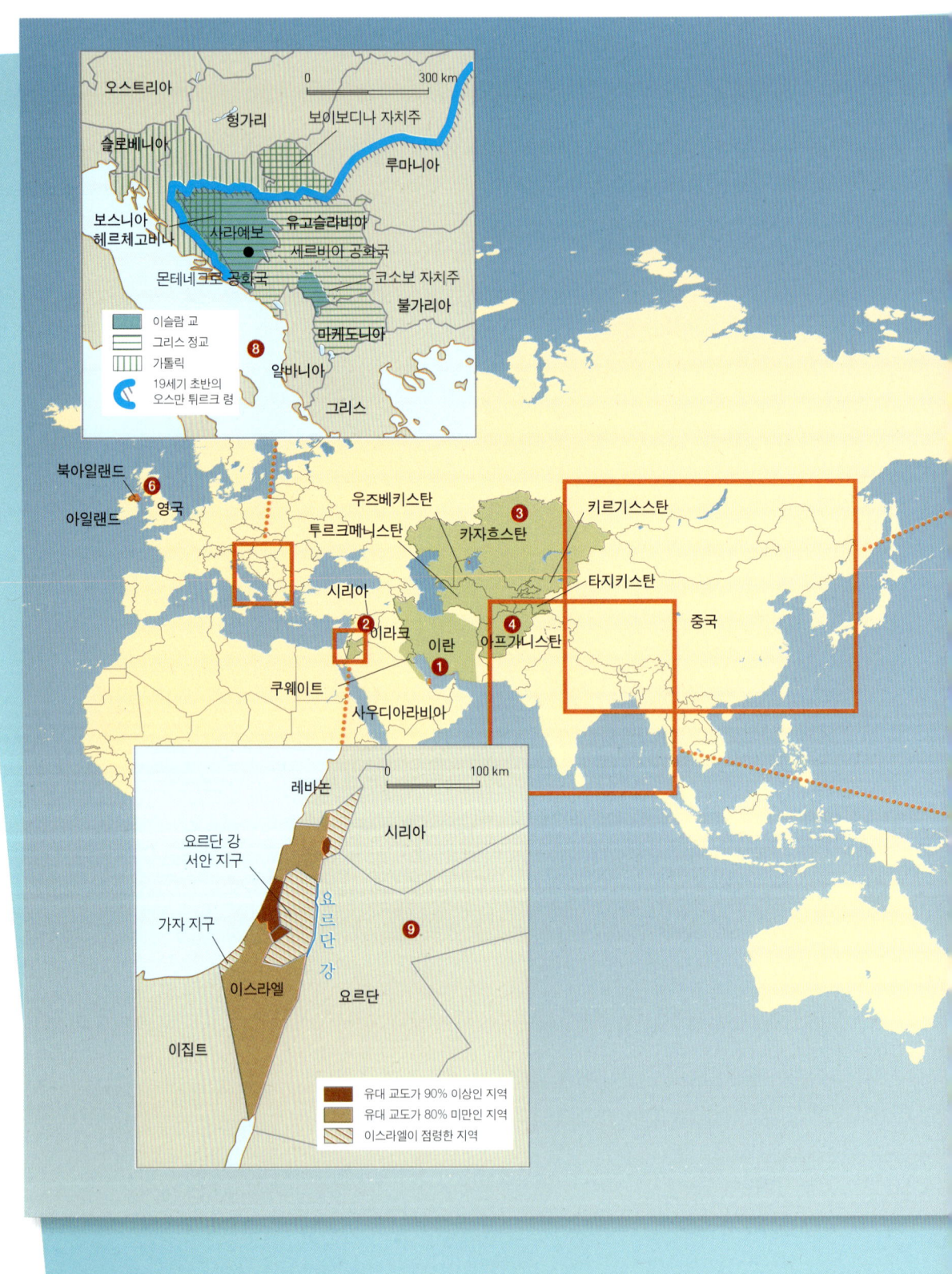

4부 | 지리의 눈에 비친 지구 : 민족, 종교, 환경 그리고 전쟁

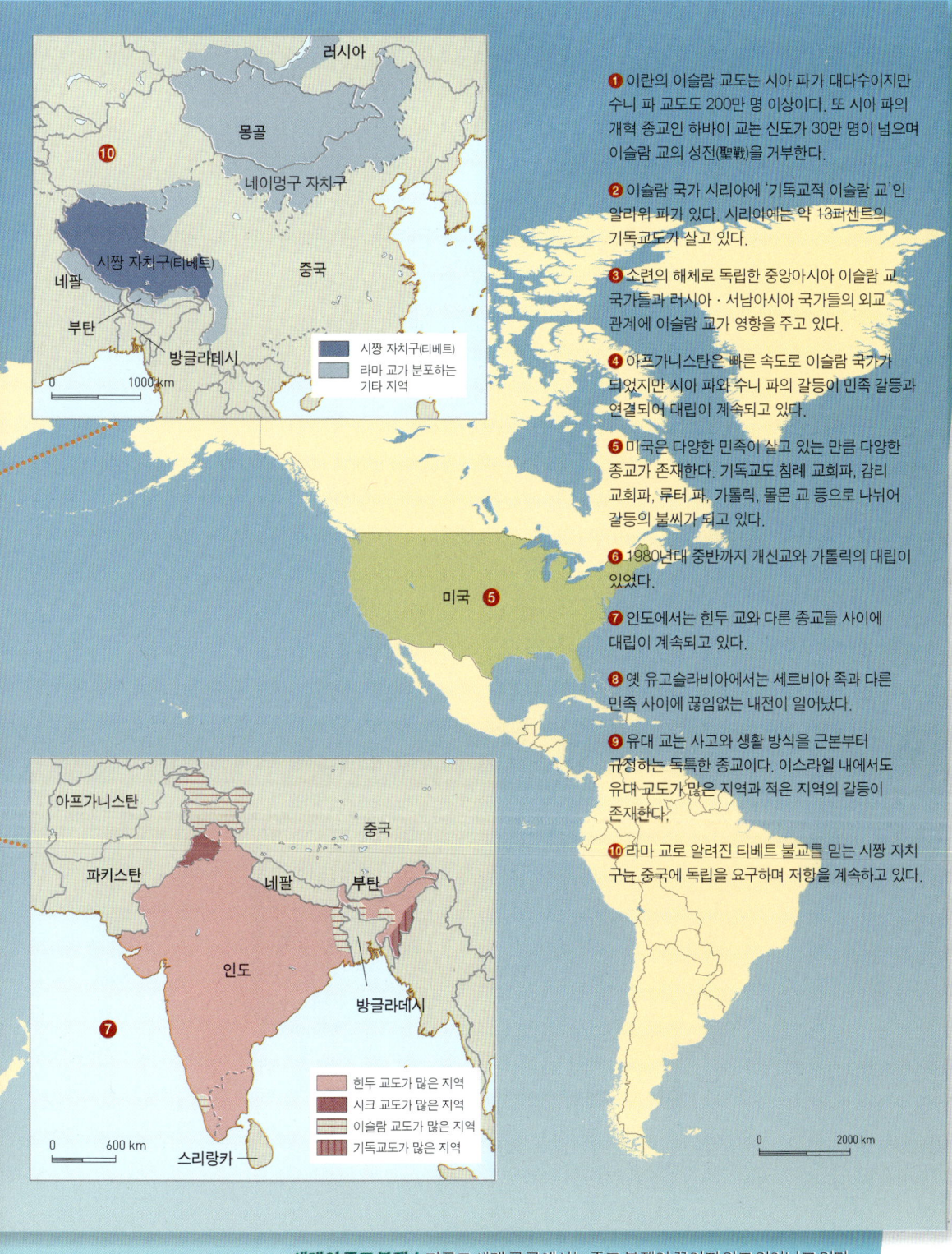

❶ 이란의 이슬람 교도는 시아 파가 대다수이지만 수니 파 교도도 200만 명 이상이다. 또 시아 파의 개혁 종교인 하바이 교는 신도가 30만 명이 넘으며 이슬람 교의 성전(聖戰)을 거부한다.

❷ 이슬람 국가 시리아에 '기독교적 이슬람 교'인 알라위 파가 있다. 시리아에는 약 13퍼센트의 기독교도가 살고 있다.

❸ 소련의 해체로 독립한 중앙아시아 이슬람 교 국가들과 러시아·서남아시아 국가들의 외교 관계에 이슬람 교가 영향을 주고 있다.

❹ 아프가니스탄은 빠른 속도로 이슬람 국가가 되었지만 시아 파와 수니 파의 갈등이 민족 갈등과 연결되어 대립이 계속되고 있다.

❺ 미국은 다양한 민족이 살고 있는 만큼 다양한 종교가 존재한다. 기독교도 침례 교회파, 감리 교회파, 루터 파, 가톨릭, 몰몬 교 등으로 나뉘어 갈등의 불씨가 되고 있다.

❻ 1980년대 중반까지 개신교와 가톨릭의 대립이 있었다.

❼ 인도에서는 힌두 교와 다른 종교들 사이에 대립이 계속되고 있다.

❽ 옛 유고슬라비아에서는 세르비아 족과 다른 민족 사이에 끊임없는 내전이 일어났다.

❾ 유대 교는 사고와 생활 방식을 근본부터 규정하는 독특한 종교이다. 이스라엘 내에서도 유대 교도가 많은 지역과 적은 지역의 갈등이 존재한다.

❿ 라마 교로 알려진 티베트 불교를 믿는 시짱 자치구는 중국에 독립을 요구하며 저항을 계속하고 있다.

세계의 종교 분쟁 | 지금도 세계 곳곳에서는 종교 분쟁이 끊이지 않고 일어나고 있다. 종교적 이유뿐만 아니라 정치적·경제적인 이유가 맞물려 있는 경우도 많다.

이슬람 교와 기독교 사이의 다툼은 '일부'의 문제일 뿐이다. 종교 갈등은 '경제 문제'일 때가 많다. 잘사는 사람들과 못사는 사람들의 차이가 크게 날 때, 힘 있는 이들이 많은 시민들을 못살게 굴 때, 종교는 사람들이 뭉치는 구실이 된다.

영국이 인도를 다스릴 때, 인도인들은 힌두 교를 중심으로 뭉쳤다. 아랍 세계를 침략하던 유럽의 힘센 나라들에, 아랍 인들은 '이슬람 민족주의'로 맞섰다. 북아일랜드에서 가톨릭은 아랍에서 이슬람 교가 하는 것과 같은 역할을 한다. 소외받는 사람들은 가톨릭을 중심으로 뭉친다. 영국을 지배하는 사람들을 '성공회' 세력으로 단정하고 말이다.

세상에서 가장 무서운 힘은 '저항 종교(religion of resistance)'에서 나온다. 돈 몇 푼 얻자고 투쟁하는 것이 아니라, '신성한 전쟁'을 하고 있다고 믿을

평등, 사랑, 이해처럼 종교가 중요하게 여기는 가치를 실현한다면 전쟁과 다툼이 없고 균형 잡힌 세상이 될 것이다.

때 사람들은 더욱 절절하게 하나가 되기 때문이다. 아프가니스탄과 이라크 사람들이 풍족하고 평등한 대접을 받는다면, 체첸 사람들이 러시아 국민들만큼 대접받는다면, 그래도 종교 전쟁이 활발하게 타오를까?

모든 종교는 평등과 평화를 좇는다. 그럼에도 세상은 여전히 불평등하며 빈부 격차는 날로 커진다. '일부' 기독교도들과 '일부' 이슬람 교도들은 갈등 중이다. 그 '일부'란 대부분 잘사는 기독교 국가와 못사는 이슬람권의 다툼이다. 싸움판이 커질수록 서로를 이해하고 배려해야 한다는 목소리도 함께 높아간다.

그렇다면 21세기 종교 전쟁도 평화를 향해 가는 과정이라고 보아도 되지 않을까? 경제적으로 평등하고 누구도 차별받지 않는다면 종교 갈등이 불거질 이유도 없다. 사랑과 이해는 모든 종교가 중요하게 여기는 가치 아니던가. 차별과 격차, 불평 속에 가려진 종교의 따뜻함을 살려 내야 할 때다.

국경선 긋기 :
맥도날드끼리는 전쟁을 안 한다?

"맥도날드가 있는 나라끼리는 전쟁을 안 한다." 『렉서스와 올리브나무』를 쓴
토마스 프리드먼의 말이다. 맥도날드는 자본주의의 상징이다. 자본주의는
총으로 하는 싸움보다는 무역을 통한 윈-윈(win-win)을 좋는 경향이 있다.
그러나 자본주의가 온 세상을 지배하면 전쟁은 사라지게 될까? 자본주의는
건강한 평화를 인류에게 안겨 줄까? 자본주의를 통해 국경과 전쟁의 의미에
대해 논의해 보자.

눈, 코, 입이 제자리에 있지 않듯 잘못
그은 국경선은 큰 혼란을 불러 왔다.

줄 잘못 그으면 고단하다

서기 2,300년, 거대 제국 유라시아가 등장했다. 중국과 유럽을 아우르는 크기다. 지구 반대쪽, 남북 아메리카 대륙과 오스트레일리아는 오스트아메리카 제국이 차지했다. 바다를 누비는 오스트아메리카는 아시아와 유럽에까지 자신들의 깃발을 꽂고 싶어 한다. 반면 아시아와 유럽을 휘어잡은 유라시아는 바다로 진출하려 한다. 둘은 한반도에서 맞부딪혔다. 우리나라는 대륙 세력과 해양 세력이 충돌하는 지점이 아니던가. 과거에도 중국과 일본, 러시아와 일본, 중국과 미국이 비슷한 이유로 다툼을 벌였다.

하지만 두 대륙의 힘은 막상막하다. 싸워서 이긴다는 보장은 어느 쪽에도 없다. 두 제국은 한반도를 갈라 먹기로 합의한다. 평안도, 경기도, 전라도, 충청도, 제주도 등 한반도의 서쪽은 유라시아가 갖기로 한다. 반면 동쪽에 놓인 함경도, 강원도, 경상도는 오스트아메리카가 가져간다. 유라시아 제국은 새로 얻은 땅을 '한족 자치주'에 집어넣는다. 오스트아메리카는 '일본 섬 자치주'에 이 땅들을 편입시키고.

이렇게 되면 과연 어떤 일이 일어날까? 일본과 같은 나라 사람이 되어 버린 경상도민들의 기분은 어떨까? 중국에 '흡수'된 경기도 사람들은? 이 땅에서는 두 제국의 정책에 맞서 격렬한 투쟁이 일어날 터다. 우리는 '한민족'이다. 그러니 다시 '우

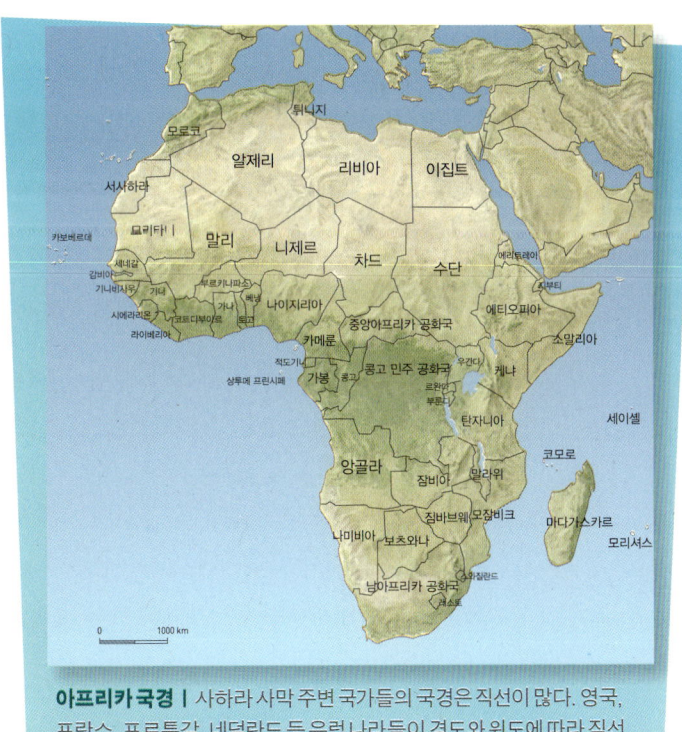

아프리카 국경 | 사하라 사막 주변 국가들의 국경은 직선이 많다. 영국, 프랑스, 포르투갈, 네덜란드 등 유럽 나라들이 경도와 위도에 따라 직선을 그은 뒤 그 직선을 경계로 땅을 나누어 가졌기 때문이다.

193

리나라'를 돌려 달라고 말이다.

말도 안 되는 상황 같지만, 이런 일은 100여 년 전만 해도 흔하게 벌어졌다. 아프리카에서는 국경선이 직선이 많다. 영국, 프랑스 등 힘센 나라들이 지도 위에 선을 그어 땅을 나눠 가진 탓이다. 이들이 갈라 놓은 선은 지금의 국경선으로 굳어져 버렸다.

아프리카에서는 잘못 짜인 국경선 탓에 끊임없이 전쟁이 벌어진다. 수단을 예로 들어 보자. 지도 위에 선 긋기로 노예 사냥꾼이던 아랍 인들의 후손과 그들에게 잡혀 갔던 흑인들의 후예가 같은 나라로 묶여 버렸다. 당연히 싸움이 그칠 리 없다. 이처럼 경계를 정하는 일은 굉장히 중요하다. 전후 사정 안 따지고 만든 경계는 두고두고 문제를 일으킨다.

벽을 허물면 싸움이 멈춘다고? 사실은 그 반대!

반면 잘 정해진 경계는 세상을 한결 편하게 만든다. 인도와 파키스탄을 예로 들어보자. 1947년 인도는 영국에서 독립했다. 그러자 곧 파키스탄이 인도에서 떨어져 나갔다. 인도에서는 늘 힌두 교도들과 이슬람 교도들이 서로 티격태격했다. 힌두 교도들은 소고기를 먹지 않는다. 한편 이슬람 교도들은 돼지고기를 안 먹는다. 힌두 교도들은 남이 솥뚜껑을 믿건 나무를 섬기건 상관하지 않는다. 그러나 이슬람 교도들은 자기 신 외의 다른 신을 보면 기겁을 한다. 자잘한 데서부터 큰 부분에 이르기까지, 이 둘은 계속 부딪혔다.

사사건건 다투는 친구들은 각각 다른 반으로 흩어지는 게 낫다. 인도와 파키스탄이 그랬다. 힌두 교도들은 인도에 남고 이슬람 교를 믿는 이들은 파키스탄으로 향했다. 지금도 둘은 으르렁대지만, 같이 살면서 매일 투닥거리는 것보다는 낫다. 국경은 이 둘의 다툼을 막는 역할을 한다.

경계선은 재산을 나눠 주는 심판관 역할도 한다. 독일과 프랑스는 알자스 로렌[1] 지방의 석탄을 놓고 한판 싸움을 벌였다. 쿠웨이트와 이라크 사이에 놓인 유전(油田)은 결국 전쟁을 낳았다. 세상에서 가장 무서운 싸움은 재산 다툼이다. 누구 것인지 애매한 상황은 언제든 갈등을 낳는다. 국경이 명확하면 누구 것인지도 분명하니 다툴 일이 없다.

경계선은 책임을 분명하게 하는 구실도 한다. 선진국일수록 지방 자치가 활발하게 이루어진다. 왜 그럴까? 너른 지역을 엉성하게 관리하기보다, 세밀하게 땅을 나

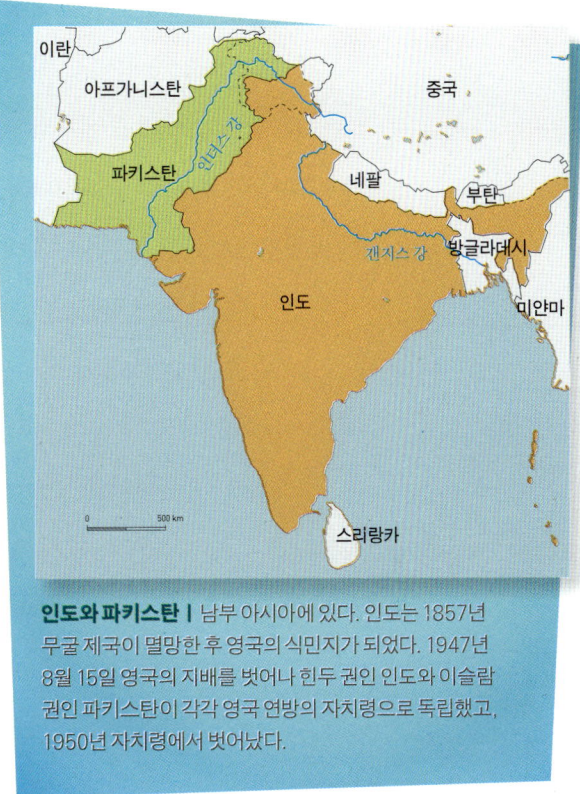

인도와 파키스탄 | 남부 아시아에 있다. 인도는 1857년 무굴 제국이 멸망한 후 영국의 식민지가 되었다. 1947년 8월 15일 영국의 지배를 벗어나 힌두 권인 인도와 이슬람 권인 파키스탄이 각각 영국 연방의 자치령으로 독립했고, 1950년 자치령에서 벗어났다.

눠서 그곳에 사는 사람들에게 가깝게 하는 게 낫기 때문이다. 범죄가 발생하더라도, '서울에서 일어난 일'로 막연히 볼 때와 '강남구 일원동에서 일어난 일'이라며 눈을 부릅뜰 때는 처리가 다른 법이다. 이처럼 잘 짜인 경계선은 다툼을 말리고 살림살이를 야물게 하는 효과가 있다.

[1] 프랑스 동부 라인 강 서쪽 연안에 펼쳐진 지대이다. 알자스는 포도주를 비롯한 농산물과 목재가 풍부하다. 로렌은 알자스의 북서쪽에 있으며, 석탄·철 산지이다. 경제·군사 요충지로 예로부터 독일과 프랑스의 분쟁지였다. 2차 세계 대전 후 프랑스 령이 되었다.

냄비처럼 들끓는 님비(NIMBY)

그러나 세상이 잘게 쪼개지면 피곤한 점도 늘어난다. 옛날 독일 라인 강에는 수백 미터마다 세금 걷는 검문소들이 있었다. 자기 땅이 라인 강에 걸쳐 있는 영주들이 제각각 돈을 걷어 갔던 까닭이다. 배를 띄워 살아가던 사람들로서는 여간 난감한 일이 아니었을 게다.

지금도 이런 일은 버젓이 일어난다. 연필 한 자루도 여러 나라에 걸쳐서

만들어지는 세상이다. 재료 중 흑연은 동남아에서, 나무는 캐나다에서 들여와 중국에서 만들어 미국에 파는 식이다. 연필을 만드는 과정마다 누군가 나서서 제각각 세금을 매기고 훈계를 늘어놓는다. 다스리는 사람이 다르고 법도 지역마다 다르니 어쩔 수 없다.

게다가 님비(NIMBY) 현상도 흔하게 벌어진다. 화장터, 쓰레기 처리장 등이 자기 동네에 들어서는 것을 찬성할 이들은 많지 않다. 하지만 이런 시설들은 어디엔가는 꼭 있어야 한다. 나라에 꼭 필요한 시설이 자기 마을에 못 들어서면 그 피해는 나라 전체로 돌아간다. 님비란 이런 현상을 말한다.

국가들끼리의 님비도 냄비처럼 끓어오르고 있다. 어떤 나라들은 '합법적'으로 마약을 재배해서 다른 나라에 판다. 그러면서도 자기 나라에서만큼은 마약 금지다. 환경 같이 국제적인 협력이 필요한 분야에서는 더욱 그렇다. 지구를 더욱 덥게 하는 이산화탄소는 하루 빨리 줄여야 하지만, 힘센 나라가 '우리는 못하겠다. 너희나 줄여라'는 식으로 나오면 별 대책이 없다.

어디 그뿐인가? 범죄도 이제는 '국제적'이다. 수백만 명이 모이면 한두 명 정도는 과격한 생각을 갖고 있기 마련이다. 이들은 워낙 소수이기 때문에 큰 문제가 되지 않았다. 하지만 지금은 다르다. 세계 곳곳에 흩어진 소수의 테러리스트들은 인터넷 공간에서 하나로 뭉쳐 일을 벌일 만큼의 거대한 집단이 된

님비

님비(NIMBY)는 'Not In My Backyard'의 약자로, '내 뒷마당에는 안 돼'라는 뜻이다. 공공의 이익에는 맞지만 자신이 사는 지역에는 이롭지 않은 화장터, 쓰레기 소각장, 장애인 시설 등이 자신이 사는 지역에 들어서는 것을 반대하는 이기적인 행동이다.

반대되는 말로는 핌피(PIMFY)가 있다. 핌피는 'Please In My Front Yard'의 약자로, '제발 내 앞마당으로'라는 뜻이다. 지하철, 시청, 병원 등과 같이 수익성이 있는 사업이나 땅값이 오를 수 있는 시설을 내 지역 안에 유치해서 이득을 얻고자 하는 것이다. 님비와 핌피 모두 지역 이기주의 또는 집단 이기주의라 할 수 있다.

화장터 반대 시위

다. 이들이 어떤 일을 벌일지 불안하기만 하다. 어느 한 나라가 나선다고 이들 모두를 없애지는 못할 테다. 알 카에다 같은 테러 조직들은 통제가 느슨한 국가에 은행 계좌를 만들어 돈을 모으고 훈련장을 차린다. 국경 너머 '남의 나라 일'인 만큼 어느 나라도 여기에 손쓰기가 쉽지 않다.

황금 아치 이론, 맥도날드끼리는 싸우지 않는다

이래저래 나라 사이의 경계를 허물어야 할 이유가 많아지고 있다. 이미 유럽은 하나의 나라처럼 되어 버렸다. 프랑스와 독일의 관계는 경기도와 충청도 사이처럼 보인다. 다른 지역으로 건너간다고 관세를 물거나 검문을 받지 않는다. 국경을 없애는 분위기는 전 세계로 퍼져 나가는 모양새다. 자유 무역 협정(FTA)[2]과 입국 사증(VISA)[3] 면제가 유행처럼 퍼지는 데는 이유가 있다.

토마스 프리드만이라는 사람은 '황금 아치 이론'을 내세운다. 황금 아치란 맥도날드 햄버거의 상징인 노란색 'M' 표시를 말한다. 그에 따르면 맥도날드 햄버거가 있는 나라들끼리는 절대 전쟁을 벌이지 않는단다.

곰곰이 역사를 짚어 보면 그의 말이 맞다. 맥도날드는 돈으로 세상을 움직이는 자본주의의 상징이다. 맥도날드가 있는 나라라는 말은 자본주의 경제를 따른다는 뜻도 된다.

자본주의 사회는 모든 곳을 비슷하게 만든다. 자본주의에서 사람을 가리는 기준은 하나뿐이다. 바로 '돈'이다. 피부 색깔이 어떻건, 종교가 무엇이건, 장애인이건 아니건 하는 문제는 차별 조항일 뿐이다. 또한 장사를 하려면 기준이 같아야 한다. 여기서 받는 돈을 저쪽에서는 못 받겠다고 하면 거래가 될 리 없다. 돈 가치를 통일하고 서로를 믿을 수 있게끔 규칙을 함께 정한다. 그럴수록 세상은 점점 더 비슷해진다.

돈을 벌려면 신용도 중요하다. 강도짓을 하다간 사람들에게 외면당할 터

2 국가 간 상품의 자유로운 이동을 위해 모든 무역 장벽을 없애는 협정이다. 영어로는 free trade agreement이며, 머리글자를 따서 FTA라고 한다.

3 외국인이 입국이나 출국하는 것을 허가한다는 증면이다. 외국을 여행하려는 사람은 자기 나라 또는 여행하려는 나라의 대사, 공사, 영사로부터 허락 서명을 받아야 한다.

197

빅맥 지수(왼쪽)와 **황금 아치**
(오른쪽)

빅맥 지수는 미국 맥도날드
사의 제품 중 빅맥 가격을 달
러로 환산하여 미국 내 가격
과 비교한 지수이다. 영국의
경제 전문지 『이코노미스트』
가 분기마다 한 번씩 발표한
다. 빅맥은 세계적으로 품질·
크기·재료가 표준화되어 있
어 빅맥의 가격을 비교하면
각국의 통화 가치가 어느 정
도인지 알 수 있다는 것이다.

다. 기분 나쁘더라도 상대에게 친절하게 대하며 '윈-윈(win-win)'하는 길을 찾아야 한다. 따라서 자본주의가 퍼져 나갈수록 세상은 비슷해지고 전쟁이 날 가능성은 줄어든다. 나라 간의 경계선도 점점 더 흐릿해질 터다.

새로운 로마 제국의 등장?

이제 세상은 로마 제국처럼 되어 간다. 로마의 각 지방은 제각각이었다. 숲으로 가득했던 게르만 지역(독일)과 사막에 맞닿은 이집트의 삶은 상당히 다르다. 로마 제국은 사람들이 무슨 종교를 믿건, 어떤 방식으로 살건 간섭하지 않았다. 제국에 세금만 제대로 바친다면 말이다. 그들은 성벽을 허물고 도로를 놓았다. 그래서 사람들은 다른 곳으로 더 빠르고 손쉽게 오갈 수 있었다. 로마법은 영토 안 어디에서나 통했으며, 로마의 돈 역시 제국 내 어디에서나 쓸 수 있었다. 제각각 다른 문화와 전통을 갖고 있지만, '돈 앞에서는 하나이며 평등한' 지금의 세상과 비슷한 모양새다.

하지만 로마와 지금 세상 사이의 결정적인 차이 하나는 잊어서는 안 된다. 로마를 하나로 묶어 주었던 것은 스토아 사상이었다. 스토아의 가르침은 간단하다. 이성을 가지고 있는 한 사람은 누구나 세계 시민이며 평등하다. 인간은 이성을 갖고 있기에 우주의 이치를 따져 볼 수 있다. 어느 동물이나 식물도 이러지 못한다. 이 점에서 인간은 존엄하기까지 하다.

그러나 거대한 시장으로 묶인 지금 세상에서 우리를 하나로 만드는 것은 무엇일까? 바로 '이익'이다. 우리는 서로에게 이익이 되기에 서로를 존중하고 경계를 허문다. 그런데 이익이 사라지면 이 세상은 어떻게 될까?

1차 세계 대전 직전, 큰 전쟁이 일어나리라 믿는 사람들은 거의 없었다. 무역과 장사로 이권이 서로 촘촘하게 엮여 있는 상황, 상대 나라와 다퉈서 좋을 일이 없었다. 그럼에도 전쟁은 일어났다.

이익 앞에 영원한 동지는 없다. 살림살이가 어려워지면 아무리 친한 동업자들끼리도 다투게 되기 마련이다. 금융 위기, 무역 전쟁 등, 세계화된 세상에서도 경제 위기는 끊이지 않는다. 이익을 넘어서 전 세계를 한 가족으로 엮어 줄 새로운 도덕이 필요한 이유다.

이익과 이권을 넘어 전 세계를 가족처럼 묶어 줄 새로운 도덕적 가치를 찾을 수 있을까.

199

04 날씨와 문명 : '날씨 친화적'인 문명은 불가능할까?

뉴질랜드, 오스트레일리아, 덴마크 등, 소를 많이 치는 나라에서는 '방귀세'를 만들어야 한다는 논란이 뜨겁다. 소들이 내뿜는 방귀에는 메탄가스가 들어있다. 이는 지구 온난화의 주범으로 꼽히는 물질일 뿐더러, 그 양도 적지 않다. 인류는 논밭을 만들면서 나무를 엄청나게 베어 냈다. 나아가 자동차는 엄청난 이산화탄소를 만들어 내고 있다. 이처럼 문명은 기후를 이상하게 바꾸어 놓았다. 문명이 날씨를 온순하게 길들일 방법은 없을까?

유목민이었던 칭기즈 칸은 양 떼를 기를 초원을 만들기 위해 잔인한 정복 전쟁을 벌였다.

칭기즈 칸은 왜 그렇게 잔인했을까

칭기즈 칸(재위 1206~1227)[1]의 군대는 무척 잔인했다. 그들이 지나간 곳에는 아무 것도 남지 않았다. 사람들은 모조리 죽였고 마을은 불태웠다. 잘 닦인 페르시아의 물길과 농토도 여지없이 짓밟았다. 얼마나 지독하게 파괴했는지, 옛 페르시아의 땅인 이란은 지금도 칭기즈 칸이 준 피해에서 완전히 벗어나지 못했다.

칭기즈 칸의 군대는 왜 그리 잔혹했을까? 이유는 황당하다. "양 떼를 기를 초원을 만들기 위해서였다." 몽골 사람인 칭기즈 칸은 떠돌아다니며 양을 기르던 유목민이었다. 몽골 인은 한곳에 자리 잡고 마을을 이루며 산다는 생각이 아예 없었다. 그들에게 '정상적'인 삶이란 가축과 함께 초원을 떠도는 생활이다. 따라서 차지한 도시들을 허물어뜨려 풀밭을 되돌리는 일이 전혀 이상하지 않았다.

하지만 농부들은 초원을 가만 놔두지 않는다. 이들은 땅을 당연히 '관리'해야 한다고 여긴다. 풀밭은 '놀고 있는' 땅일 뿐이다. 그러니 유목민들과 농부들은 사는 곳이 다를 수밖에 없다. 숲이 우거지면 가축을 기를 풀밭이 사라진다. 나무 그늘에 가려 풀이 자라지 못하는 탓이다. 그래서 유목민들은 나무가 잘 자라지 못하는 비가 적고 쌀쌀한 곳에서 산다.

한편 농부들은 따뜻하고 물이 많은 곳에 터를 잡는다. 이라크의 티그리스·유프라테스 강, 중국의 황허 강 주변 등은 인류 문명이 태어난 곳으로 손꼽힌다. 이런 곳들은 하나같이 햇볕이 좋고 물이 많은 곳이다.

날씨 길들이기와 지구의 복수

영어의 '문명(civilization)'이라는 낱말은 '땅을 갈다(civilize)'는 말에서

1 몽골 제국의 초대 왕으로, 본명은 테무진이다. 1189년 몽골 족을 통일하고 칭기즈 칸이라는 칭호를 받았다. 1215년 베이징을 함락했으며, 1219년에는 서역 정벌을 떠나 인더스 강변까지 진출했다. 서양 정벌로 동서양에 걸친 대제국을 건설했다.

201

나왔다. 왜 '양을 치다'가 아니라 '땅을 갈다'에서 문명이 나왔을까? 이유를 살펴보자. 농사는 날씨에 예민하다. 날씨가 항상 작물 키우는 데 좋을 수만은 없다. 아무리 좋은 터에 자리 잡았다 해도, 기후 자체가 바뀌는 데야 도리가 없다. 태양에서 오는 빛이 0.1퍼센트만 줄어도, 지구는 온통 얼음으로 뒤덮인다고 한다. 실제로 인류 역사에서 기온은 끊임없이 올라갔다 내려갔다 하기를 반복했다.

유목민들은 기후가 마땅찮으면 툴툴 털고 다른 곳으로 옮겨 가면 그만이다. 그러나 농부들은 이렇게 못한다. 늘 이동하는 유목민들은 살림살이도 가볍지만, 한곳에 퍼질러 사는 농부들은 그렇지 않다. 씨를 뿌리고 결실을 거두는 데는 꼬박 한 해가 걸린다. 그 가운데 얼마나 많은 농기구들이 필요하겠는가. 더구나 농사에는 일손이 많이 필요하므로 당연히 인구도 많다. 그 많은 식구들을 데리고 다른 곳으로 옮겨가기란 여간 어려운 일이 아니다.

그래서 농부들은 날씨에 맞게 자신들을 '길들이는' 방법을 택했다. 비가 안 와도 걱정 없도록 저수지를 만들고 물길을 끌어 왔다. 추운 날씨를 견디기 위해서 벽이 두껍고 따뜻한 집을 지었다.

저수지를 만들고 집을 짓는 등의 일에는 많은 '노하우'가 필요하다. 또한 엄청나게 많은 사람들이 짜임새 있게 힘을 모아야 가능한 일이기도 하다. 이처럼 문명은 변하는 날씨에 맞서서 지혜를 쌓고 사람들을 짜임새 있게 조직하는 가운데 만들어졌다.

그러다가 문명은 마침내 날씨 자체를 '길들이는' 경지에까지 이르게 된다. 우리가 매일 마시고 내뱉는 공기는 하루아침에 만들어지지 않았다. 지금의 공기는 지구를 거쳐 간 숱한 생명체들이 쓰고 내뱉은 결과다. 예를 들어보자. 처음 태어난 지구는 생명이 살기에는 너무 추웠다. 물속에 살던 작은 생명체들은 호흡을 통해 이산화탄소를 내뱉었다. 이산화탄소는 열을 가두어 기온을 올리는 역할을 한다. 그렇게 지구는 서서히 더워졌다.

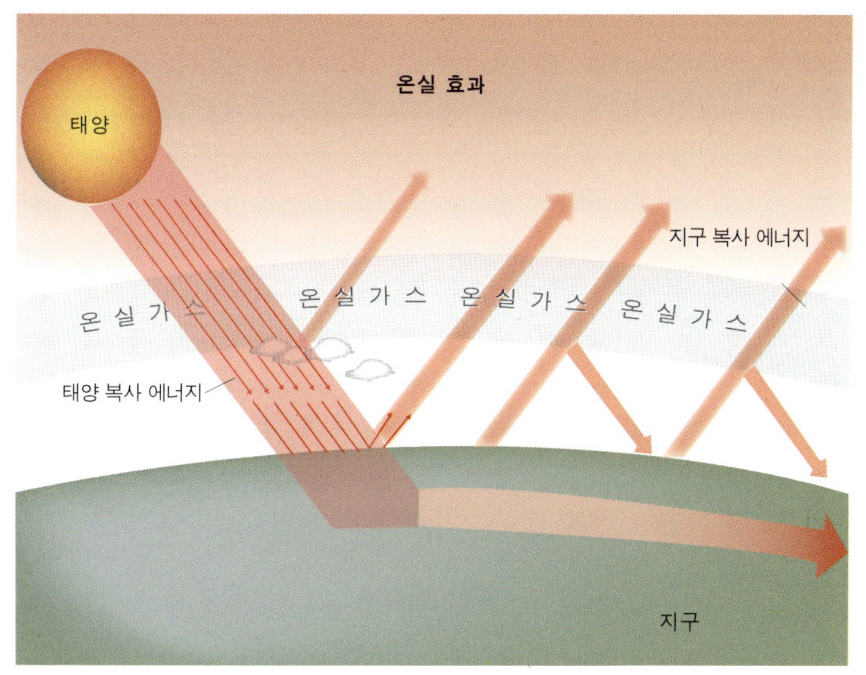

온실 효과

태양

지구 복사 에너지

온실가스　온실가스　온실가스　온실가스

태양 복사 에너지

지구

지구의 온실 효과

복사 에너지가 대기를 빠져 나가기 전에 흡수되어, 그 에너지가 대기에 남아 기온이 상승하는 현상을 온실 효과라고 한다. 에너지가 빠져 나가지 못하는 이유는 온실 가스 때문이다. 온실 가스 중 대표적인 것은 이산화탄소다.

마침내 인간이 기후를 바꾸는 시대가 왔다. 어떤 학자들은 이를 '인류세'라고 부른다. 인류는 농사를 짓기 위해 숲을 없앴다. 그럴수록 이산화탄소는 더욱더 늘어났다. 집을 덥히기 위해 태우던 연료도 공기를 덥혀 놓았다. 날씨는 점점 더 따뜻해졌다. 더워지는 날씨는 농사를 짓는 데 더욱 유리했다. 농사하기 좋은 땅은 점점 늘어났고, 사람들은 농지를 만들기 위해 더 많은 숲을 베어 나갔다. 기온은 더욱더 올라갔다.

하지만 높은 기온이 항상 좋을 리는 없다. 몸에 열이 많으면 탈이 나는 법, 더워진 지구도 그렇다. 가뭄이 계속되는 지역이 늘어나고 폭풍은 더욱 거세졌다. 어디 그뿐인가? 농업에 뒤이어 산업이 커 나가기 시작하자 이산화탄소는 더욱더 많이 공기 중에 풀렸다. 날씨는 더욱더 빨리 더워지고 있다. 지구 온난화는 이제 새로운 소식이 아니다. 뜨거워진 지구는

인류세

환경 훼손의 대가를 치러야만 하는 현재 인류 이후의 시대를 가리킨다. 화학자 크뤼천이 2000년에 처음 제안한 용어이다. 인류세의 가장 큰 특징은 인류에 의한 자연환경 파괴이다. 그동안 인류는 끊임없이 지구 환경을 훼손하고 파괴함으로써 이제까지 진화해 온 안정적이고 길들여진 환경과는 전혀 다른 환경에 직면하게 되었다. 이로 인해 인류는 지구 환경과 맞서 싸우면서 어려움을 극복해야만 하게 되었다.

더 이상 농사를 짓기에도, 사람이 살기에도 좋지 않은 곳이 되어 간다. 그러면 우리는 어찌해야 할까?

환경의 '왕따', 현대 도시들

유목은 꽤나 '환경 친화적'인 삶의 방식이다. 유목민들은 환경을 억지로 바꿔야 할 까닭이 없다. 살기 적절치 않으면 딴 곳으로 옮겨 가면 그뿐이다. 환경에 자신을 맞추는 식이다. 환경 위기에 빠진 지구, 우리도 유목민을 닮아 가면 어떨까?

아쉽게도 농사 문화에 뿌리를 둔 우리 문명은 그러기 어렵다. 문명은 식물과도 같다. 일단 자리를 잡으면 상황이 나빠져도 다른 곳으로 갈 수 없다. 도시가 특히 그렇다. 도시는 식물처럼 끊임없이 자라나며 사람들을 빨아들인다. 도시가 클수록 살기 편리한 까닭이다. 인구 1만 명이 안 되는 도시는 완벽한 의료 시설을 갖추기 어렵다. 큰 병원을 꾸리기에는 이용할 사람들이 너무 적은 탓이다. 인구 100만 명 남짓한 큰 도시들도 늘 규모를 아쉬워한다. 웅장한 오페라 하우스나 세계적인 박물관을 만들기에는 사람도, 돈도 부족하다.

도시의 인구가 500만 명이 넘는다면 어떨까? 이때부터는 갖은 서비스를 다 마련할 수 있다. 스포츠 전문 의사, 노인을 위한 전문 병원 등등, 사람이 워낙 많으니 뭘 내놓아도 장사가 된다.

어찌 보면 도시 안의 생활이란 밀림 속의 삶과 같다. 밀림 안에는 온갖 동식물들이 산다. 하지만 밀림이 사라지면 대부분의 생명은 사라지고 만다. 도시도 그렇다. 큰 도시가 사라졌을 때 그 많은 '전문가'들은 과연 어디로 갈까? 인구 수십 명의 작은 마을에서 스포츠 전문 병원이 버텨 낼 수 있을까? 1퍼센트를 위한 고급 제품을 파는 상점들은?

그래서 도시는 주변 환경이 아무리 나빠져도 끝까지 살아남으려고 한다. 대표적인 예가 뉴올리언스다. 2005년, 허리케인 카트리나가 미국의 뉴올리언스 시를 덮쳐서 엄청난 사람들이 죽고 다쳤다. 뉴올리언스는 전부터 숱하게 홍수 경고를 받던 곳이다. 이 도시는 강 높이보다 낮은 곳에 있다. 큰 태풍이 오면 강둑이 무너져 도시는 언제고 잠길 수 있다. 그럼에도 이 큰 도시를 과감히 없애야 한다고 생각한 사람은 없었다. 이곳에는 미국의 석유 시설이 몰려 있다. 환경이 위험해졌다고 이를 다른 곳으로 옮겨 가기에는 너무 많은 돈이 든다. 그래서 둑을 높이고 제방을 다시 쌓는 식으로 변하는 날씨에 맞서 나갔다. 뉴올리언스는 그러다 재앙을 맞았다.

지금의 여느 대도시들의 상황도 뉴올리언스와 별다를 게 없다. 도시 안의 공해가 아무리 심해져도, 기온이 높이 올라가 열섬[2] 현상이 일어나도, 도시를 버릴 엄두는 누구도 내지 못한다. 너무 더워지면 더 많은 에어컨을 설치하고, 물이 오염되면 정수장을 늘리는 식으로 문제를 틀어막기에 급하다. 하지만 그럴수록 도시는 더더욱 자연을 망가뜨릴 뿐이다. 깨끗한 환경을 만

[2] 주변보다 기온이 높은 도시 지역이다. 도시 지역의 등온선을 그리면 그 모양이 바다에 떠 있는 섬처럼 보이기 때문에 생긴 말이다. 도시에서 대량의 에너지를 소비하여 열이 모이기 때문에 생기는 현상이다.

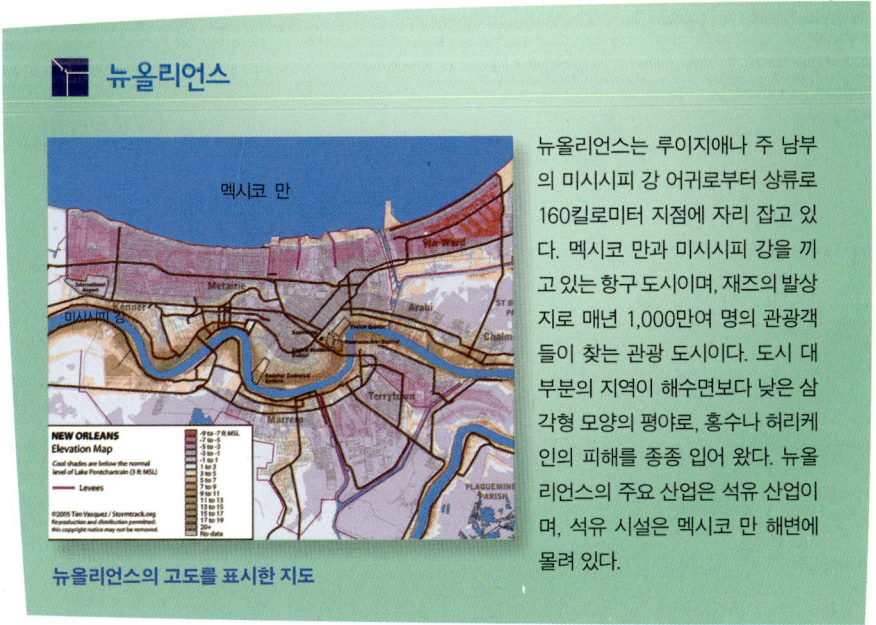

뉴올리언스

메시코 만

NEW ORLEANS
Elevation Map
Cool shades are below the normal
level of Lake Pontchartrain (3 ft MSL)
— Levees

뉴올리언스의 고도를 표시한 지도

뉴올리언스는 루이지애나 주 남부의 미시시피 강 어귀로부터 상류로 160킬로미터 지점에 자리 잡고 있다. 멕시코 만과 미시시피 강을 끼고 있는 항구 도시이며, 재즈의 발상지로 매년 1,000만여 명의 관광객들이 찾는 관광 도시이다. 도시 대부분의 지역이 해수면보다 낮은 삼각형 모양의 평야로, 홍수나 허리케인의 피해를 종종 입어 왔다. 뉴올리언스의 주요 산업은 석유 산업이며, 석유 시설은 멕시코 만 해변에 몰려 있다.

205

들기 위해 더 많은 에너지를 써야 하기 때문이다.

어느새 도시는 '환경의 왕따'가 되어 버렸다. 아무리 노력한다 해도 도시는 주변 환경과 동떨어져서 홀로 서지는 못한다. 서울 같이 인구 1,000만 명이 넘는 도시에 1년 동안 가뭄이 든다 해 보자. 이는 엄청난 재앙이 될 터다. 문제는 도시 스스로 자기가 뿌리내린 곳의 환경을 엄청나게 망가뜨린다는 점이다.

도시 안에 사람 빼고 살아 있는 것을 헤아려 보자. 바퀴벌레 같은 해충을 빼고는 거의 없다. 식물이라야 가로수와 공원의 나무들 정도다. 산소를 만들어 내는 생물이 거의 없는 도시는 이산화탄소 공장과 같다. 게릴라성 호우가 도시 안에서 유난히 잦은 까닭을 멀리서 찾을 필요가 없다.

칭기즈 칸은 풀밭을 만들기 위해 도시들을 무너뜨렸다. 현대 도시들도 칭기즈 칸 군대와 다를 바 없다. 환경을 온통 황폐하게 만든다는 점에서 그렇다. 도시 밖 사람들은 자기들의 터를 버리고 도심으로 몰려든다. 그럴수록 도시

칭기즈 칸이 도시를 정복해 초원을 만들었듯 현대인들은 도시를 만들기 위해 자연을 정복하려 한다.

는 더 많은 자원을 거침없이 퍼내고 오염 물질을 더욱더 내뿜는다. 현대 도시들은 칭기즈 칸 군대 못지않게 사람들을 죽음으로 몰아넣고 있는 셈이다.

유목민에게서 배워야 할 것

수백 년 전, 영국 스코틀랜드의 촌 젊은이들은 화약이나 소금 같은 물건들에 눈이 휘둥그레졌다. 소금에 맛 들인 혀로 밍밍한 음식을 먹기란 고역스럽다. 젊은이들은 그들의 전 재산인 소를 소금과 바꾸어 먹었다. 따지고 보면 우리 문명도 별다를 게 없다. 번듯한 식사와 편리한 교통, 따뜻한 잠자리 등등을 위해 삶의 밑천인 소중한 환경을 파먹고 있는 셈이다.

아무리 튼실한 나무라도 주변 환경이 망가지면 시들기 마련이다. 편리함을 좇는 가운데 지구의 날씨는 점점 살기 힘들게 바뀌어 간다. 유목민의 삶은 예나 지금이나 고단하다. 철따라 새로운 풀을 좇아 옮겨 다녀야 하는 생활이다. 하지만 그들은 바뀌는 자연을 받아들일 줄 안다. 자연은 그들에게 늘 새로운 풀밭을 마련해 줄 것이다. 난폭해진 날씨, 더욱 황폐해질 벌판에서 외로이 버티는 우리 문명 앞에는 과연 무엇이 기다리고 있을까?

환경 문제 :
지구의 코털을 건드리지 않으려면

고대의 항구 도시 에페소스는 환경 문제로 무너지고 말았다. 나무를 너무 많이 베어 버린 탓에, 흙탕물이 너무 많이 흘러들어 항구를 메워 버린 탓이다. 현대인들에게 에페소스의 처지는 남의 일이 아니다. 자원 고갈, 환경 파괴에 맞서 우리는 어떤 노력을 해야 할까? '카이아 가설' 등의 이해를 통해 환경 문제를 깊이 성찰해 보자.

살기 좋은 곳은 대부분 자연과 원시 상태가 남아 있지만, 홍수와 재난이 있는 곳에서는 문명이 발달했다.

자연은 문명을 길들이고, 문명은 자연을 길들인다

인류 문명은 중국의 황허 강, 이집트 나일 강, 인도의 인더스 강, 지금의 이라크 지역인 티그리스·유프라테스 강 근처에서 생겨났다. 각각의 환경에 맞추어 가는 과정에서 문화는 나름의 특징을 갖게 되었다.

그런데 문명이 태어난 곳들이 살기 좋은 곳만은 아니었다. 망고나 대추야자가 주렁주렁 널려 있는 곳에서는 되레 문명이 싹트지 않았다. 도시가 태어나고 기술이 발달하게 된 곳들은 하나같이 고민과 근심이 많은 지역이었다.

예를 들어 보자. 중국의 황허 강 주변은 홍수와 가뭄이 잦다. 한겨울에는 얼어붙고 봄에는 얼음 녹은 물로 홍수가 난다. 무더운 여름에는 주변이 정글처럼 되기도 한다. 1852년에도 큰 홍수가 나서 강 끝 위치가 무려 100킬로미터가 옮겨질 정도였다고 한다. 그럼에도 인류는 이곳에 아득바득 적응을 해서 찬란한 중국 문화를 낳았다.

어디 그뿐인가? 나일 강은 해마다 홍수가 난다. 한번 물이 넘치면 밭의 경계는 완전히 사라져 버린다. 그러면 땅을 다시 재고 다독여서 농지를 새로 만들어야 한다. 머리를 쓸 일이 많으니 기술도 빨리 발전할 수밖에 없었다.

지금의 유럽 문화가 태어난 그리스도 마찬가지다. 그리스는 농사를 짓기에는 젬병인 땅이다. 여름이 너무 덥고 비도 적은 까닭에 뿌리 얕은 곡식이 자라기 힘들다. 잎이 두꺼워 가뭄에 강한 올리브 나무 정도만 겨우 기를 수 있을 정도다. 그리스 사람들은 올리브 밭을 가꿔 기름을 짜냈다. 하지만 기름만 마시며 살 수는 없다. 그들은 늘 기름을 다른 곳에 팔아 곡식으로 바꿔야 했다. 그러다 보니 자연히 상업이 일어나게 되었다.

바다 밖 멀리까지 배로 기름을 날라야 하니, 배 다루는 기술도 같이 싹텄다. 기름을 넣는 항아리 만드는 기술도 빨리 깨우쳐야 했다. 물건을 사고팔

209

려면 금과 은도 필요했다. 아테네 주변에 은광이 빨리 개발된 이유다.

이처럼 문명은 환경에 맞추어 살기 위한 노력 가운데 태어났다. 그런 가운데 자연도 문명에 맞게 서서히 바뀌어 갔다. 황허 강 주변에 숱한 개펄과 습지는 농사짓기 좋게끔 메워졌다. 둑이 곳곳에 쌓이면서 사나운 물길도 가닥을 잡아 갔다.

사막이었던 티그리스·유프라테스 강이나 나일 강 주변도 비가 더 많이 왔다. 나무와 농작물이 늘어났기 때문이다. 이처럼 자연과 인간은 서로에게 익숙해지면서 모양을 갖추어 간다. 우리가 들이쉬는 공기도 수십억 년간 지구상의 숱한 생물들이 숨 쉬고 내뱉는 가운데서 만들어진 셈이다. 인류는 자연을 길들여 왔다.

마야 귀족

마야 사람들은 같은 문화와 종교를 가졌으나 하나의 수도를 만들거나 한 사람의 통치를 받지는 않았다. 각 도시에는 각각 독립된 귀족 지배자가 있었다.

마야 문명은 왜 멸망했을까

가까운 친구끼리도 싸움은 일어나기 마련이다. 친하다는 이유로 서로에게 너무 간섭하려고 할 때 특히 그렇다. 상대방을 내 입맛대로 바꾸길 원하는 마음 탓에 우정은 꼬이기 시작한다. 자연과 인간의 관계도 그렇다. 사람들이 아무리 많은 것을 바란다 해도, 자연이 우리에게 주는 몫은 정해져 있다.

마야 문명에서는 큰 전쟁이 없었다. 아니, 크게 싸우고 싶어도 그럴 수가 없었다. 자연이 허락하지 않았기 때문이다. 마야가 있던 남아메리카에는 말이나 소 같은 가축이 없었다. 모든 식량은 인간이 등짐을 지고 날라야 했다.

먼 곳에 떨어진 부족과 큰 전쟁이 벌어지면 어떻게 될까? 승부는 싸움 실력이 아니라 먹을거리의 양에 따라 갈렸다. 한 사람이 등짐으로 나르는 식량의 양은 보잘 것 없었다. 또한 짐꾼도 밥은 먹어야 했다. 그러니 운반하는 동안에 이미 식량의 많은 부분이 사라져 버렸다. 뛰어난 전사들이 멀리까지 씩씩대며 간다 해도 소용이 없었다. 싸움터에 도착하고 나면 먹고 기운 차릴 식량이 이미 없어지는 까닭이다.

그래서 마야 인은 조그마한 무리를 지어 살았다. 아주 큰 마을이라 해 봤자 옆 고장의 높은 건물이 서로 보일 만큼의 규모였다. 사람들이 많이 모이지 않으니 환경에 지우는 부담도 적었다.

사람의 욕심은 끝이 없는 법이다. 결국 마야 인의 마을도 커지기 시작했다. 힘 있는 자들은 더 많은 곡식을 걷으려고 욕심을 부렸다. 그 결과, 밭은 점점 산으로 올라갔다. 골짜기에서만 농사를 지어서는 늘어난 입들을 감당하지 못해서였다. 밀림을 태워 농토를 늘리고 나무를 땔감으로 쓰면서 숲은 점점 줄어들어 갔다.

어느덧 마야 인은 자연이 줄 수 있는 양보다 더 많은 것을 환경에서 뜯어내고 있었다. 숲이 줄자 비도 적게 왔다. 나무가 없는 땅은 물을 많이 머금지 못한다. 하늘로 올라가는 수증기의 양이 적으니 구름도 준다. 그래서 비가 적게 오는 것이다.

어디 그뿐인가. 어쩌다 비가 많이 오면 금세 홍수가 나 버렸다. 나무가 없는 탓에 비는 곧바로 골짜기로 흘러들었다. 산에 일궈 놓은 밭이 무너지면서 기름졌던 골짜기를 덮어 버렸다. 그렇게 식량을 얻을 땅은 줄어갔다. 그럴수록 마을 간의 다툼은 더욱 치열해졌다. 부족한 먹을거리를 얻는 방법은 이웃들에게서 빼앗는 방법밖에 없었기 때문이다. 그러면서 마야 문명은 서서히 시들어 갔다. 스페인(에스파냐) 사람들이 마야에 쳐들어오기 한참 전부터, 이미 그들의 사회는 힘이 빠져 있었다.

그리스도 마찬가지다. 그리스의 에페소스는 무역으로 이름을 날린 항구 도시였다. 외국과 장사가 잘되자, 사람들은 더 많은 배를 만들었다. 당시 배는 나무로 만들었다. 도시 주변에 숱한 나무들이 베어졌고 숲은 점점 사라져 갔다. 그럴수록 바다로 흘러드는 모래의 양은 늘어났다. 숲이 없어지면서 강의 흐름이 빨라졌기 때문이다. 어느덧 몰려드는 모래와 진흙은 에페소스 주변 바다를 메워 버렸다. 마침내 에페소스 항구는 아예 사라져 버렸다. 자연은 허락된 것보다 자신을 더 많이 이용하려는 이들을 용서하지 않는다.

자연에게 욕심부리다가 큰코다친 사례들은 시간이 갈수록 점점 늘어나고 있다. 중국은 늘어나는 사막으로 골치를 앓고 있다. 그 이유에는 유목민이 키우는 가축들도 한몫을 한다. 가축이 빠르게 늘면서 풀이 자라는 속도보다 더 빨리 초원을 먹어 치우고 있기 때문이다.

어디 그뿐인가? 이집트는 아스완하이라는 큰 댐을 지었다. 댐의 높이는

쓰촨 성 대지진 | 2008년 5월 12일 오후 2시에 중국 쓰촨 성에서 규모 8.0의 대지진이 일어났다. 인도판과 유라시아 판이 충돌하여 지진이 일어났다는 것이 정설이나 무리한 댐 공사 때문이라는 의견도 있다.

무려 111미터, 저수지 길이만도 500킬로미터에 이르는 큰 둑이다. 1971년에 지어진 이 댐으로 이집트는 부족한 물을 충분히 구할 수 있을 거라 생각했다. 하지만 자연은 그렇게 녹록하지 않았다. 무척 더운 지방이라 물이 증발하는 양이 무척 많았다. 생각만큼 물은 많이 모이지 않았을 뿐더러, 댐 밑에 있는 지방들은 더 심한 물 부족에 시달리게 되었다.

어떤 과학자들은 2008년 중국 쓰촨에서 생긴 큰 지진도 댐과 관련이 있다고 생각한다. 주변에 만들어진 큰 저수지 때문에 땅이 내려앉아 버렸다는 것이다. 물 무게를 못 견디고 땅이 꺼져 버리자 큰 지진이 발생하고 말았다. 결국 8만 명이 넘는 사람들의 목숨은 허망하게 날아가 버렸다. 자연은 분수를 넘게 욕심부리는 사람들을 용서하지 않는다. 점점 심해지는 자연 파괴가 두려워지는 이유다.

지구의 코털을 건드리지 않으려면

환경 파괴가 꼭 인류에게 해만 주지는 않는다. 지구 온난화로 되레 득을 보는 곳들도 있다. 사하라 사막 같은 곳이 좋은 예다. 지구가 더워지면서 이곳에는 더욱 많은 비가 오고 있다. 사막 곳곳에는 초원이 만들어지고 농지도 늘고 있다.

북극 가까운 곳에 있는 그린란드도 온난화로 혜택을 입는 나라다. 얼음이 녹으면서 그 밑에 있던 지하자원이 모습을 드러내고 있기 때문이다. 땅의 85퍼센트가 눈에 덮여 있던 이 나라에 얼마나 많은 자원이 있을지는 상상하기에도 벅차다.

역사에서 자연이 인류에게 혜택을 안겨줄 때도 많았다. 그러나 착각하면 안 된다. 언제까지나 자연이 인간에게 사랑을 베풀지는 않을 테니까……. 과학자 러브록은 가이아(Gaia) 가설을 내세운다. 이는 지구를 하나의 살아 있는 생물체로 보는 입장이다.

우리 몸은 건강을 유지하기 위해 끊임없이 움직인다. 음식을 소화하고 배출하며, 땀으로 열을 식히고 추우면 몸을 움츠리는 식이다. 지구도 마찬가지다. 온도가 너무 올라가면 지구는 '알아서' 열을 식힌다. 더운 여름날 소나기가 쏟아지는 것처럼 말이다.

우리 몸에는 수많은 병균이 산다. 하지만 너무 극성을 부리지 않는다면 우리 건강을 크게 해치지는 않는다. 아니, 때로 균은 우리 몸에 도움을 주기도 한다. 장(腸) 속의 유산균이 소화를 돕고, 병균 덕택에 몸의 면역 체계가 건강하게 움직여서 아토피 피부염에 걸리지 않는 것처럼 말이다.

그러나 병균이 어느 수준을 넘어서면 우리 몸은 아프기 시작한다. 몸이 다스리지 못할 정도로 병이 사나워지면 어떨까? 아마도 우리는 죽게 될지도 모른다. 그보다 전에 병을 다스리기 위해 더 강한 약을 쓸 것이다.

우리 지구, 가이아도 마찬가지다. 인간이 지구를 소중하게 보듬고 그 안

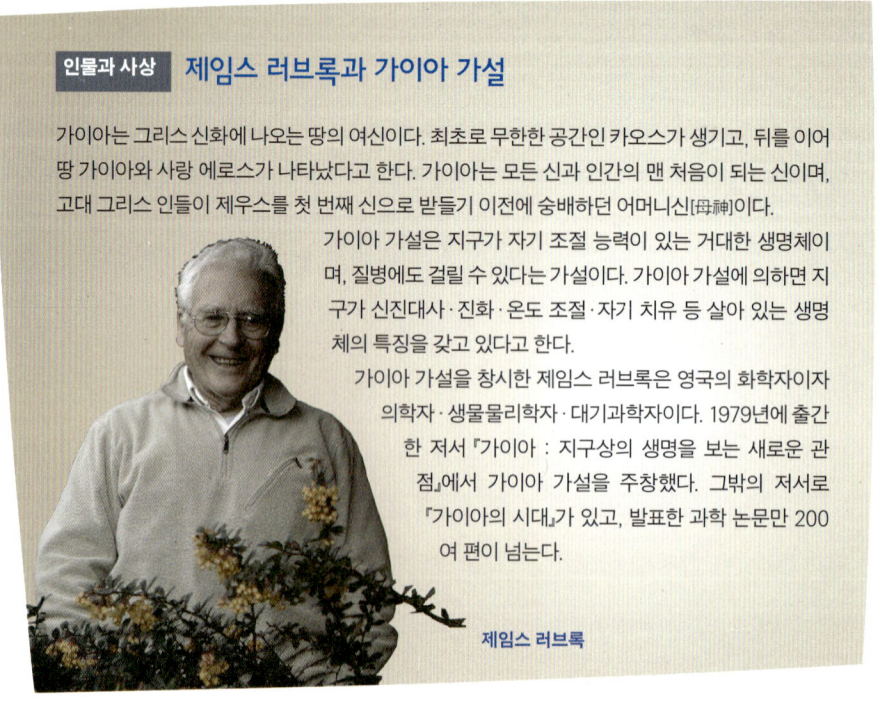

인물과 사상 **제임스 러브록과 가이아 가설**

가이아는 그리스 신화에 나오는 땅의 여신이다. 최초로 무한한 공간인 카오스가 생기고, 뒤를 이어 땅 가이아와 사랑 에로스가 나타났다고 한다. 가이아는 모든 신과 인간의 맨 처음이 되는 신이며, 고대 그리스 인들이 제우스를 첫 번째 신으로 받들기 이전에 숭배하던 어머니신[母神]이다.

가이아 가설은 지구가 자기 조절 능력이 있는 거대한 생명체이며, 질병에도 걸릴 수 있다는 가설이다. 가이아 가설에 의하면 지구가 신진대사·진화·온도 조절·자기 치유 등 살아 있는 생명체의 특징을 갖고 있다고 한다.

가이아 가설을 창시한 제임스 러브록은 영국의 화학자이자 의학자·생물물리학자·대기과학자이다. 1979년에 출간한 저서 『가이아 : 지구상의 생명을 보는 새로운 관점』에서 가이아 가설을 주창했다. 그밖의 저서로 『가이아의 시대』가 있고, 발표한 과학 논문만 200여 편이 넘는다.

제임스 러브록

에서 살아가려 할 때 지구는 인간을 밀어내지 않는다. 그렇지만 욕심을 부려 지구가 감당하지 못할 것을 요구하면 인류 문명은 한순간에 사라져 버릴 수도 있다. 〈투모로우〉, 〈해운대〉 같은 재난 영화들은 나름의 진실을 담고 있다.

동물원 사자와 친하게 지내던 어린아이는 사자가 맹수임을 잊곤 한다. 그러다가 사자의 코털을 건드리기라도 한다면, 성난 짐승이 무슨 짓을 할지 모른다. 자연과 인간이 딱 그런 관계다. 인류 문명은 눈부시게 발전하고 있다. 그러면서 점점 환경이 감당할 수 있는 선을 넘어서려 한다. 밀림에 묻혀 버린 마야 문명은 우리의 미래가 될 수도 있다. 자연을 보듬고 또 보듬을 일이다.

살아있는 거대한 생명체 지구를 이제 우리가 보살펴야 할 때이다.

지리 시간에 철학하기를 마치며

히틀러는 독일인의 '생활공간(Lebensraum)'을 넓히느라 눈이 벌게 있었다. 좀 더 큰 땅덩어리를 갖고 있어야 풍족하고 살 만해지리라 여겼던 것이다. 그러나 철학자 키케로는 이렇게 말한다. "삶이 길어지면, 역설적으로 인생은 더 짧아진다."

삶이 내일 끝난다 해보자. 사람들은 오늘의 마지막 한 조각까지 소중하게 살 테다. 만약 삶이 영원히 이어진다면? 생활은 한없이 느슨하게 풀어져 버리기 쉽다. 땅에 대한 집착도 마찬가지다. 넓고 풍족한 땅이 꼭 모자라는 행복을 채워주지는 않는다.

근대 지리학은 침략주의자들과 함께 발전했다. 식민지 삼을 만한 곳을 발견하면, 지리학자와 인류학자가 제일 먼저 그 땅을 밟았다. 어디에 무엇이 있는지, 살기에 어떤지를 알기 위해서다. 그 다음은 종교 사제와 상인들, 군인들 순이었다.

그래서인지 지리학에 대한 관심은 20세기가 끝나 갈 무렵부터 조금 시들해진 느낌이다. 하긴, '기후와 농업'을 공부한다 해도 사과밭을 실제로 꾸리려는 사람과 교과서에 나오니까 공부하는 학생의 태도가 같을 리 없다. 21세기는 분명 힘센 나라들이 땅따먹기를 하면서 보낸 지나간 역사와는 다를 테다. 누구를 집어삼킬리 없으니, 남의 나라 지방을 꿰뚫어 알겠다는 '야심'도 적다. 적잖은 학생들이 지리 과목을 '지리'한 암기 교과처럼 오해하는 까닭도 여기서 멀지 않을 듯 싶다.

하지만 지리학은 지금도 아주 중요한 학문이다. 지구 위에는 더 이상 알려지지 않은 땅이 없다. 예전에 침략주의자들은 문제가 생기면 더 넓은 땅을 차지해서 해결하려고 했다. 자원이 없으면 캐낼 만한 지역을 차지하고, 쓰레기가 생기면 힘없는 나라에다 내버리는 식이었다.

그러나 세계가 한 동네가 된 지금은 그러기가 쉽지 않다. 인간은 서로 모를 때

지리 시간에 역사 공부하기를 마치며

만 상대에게 잔인한 법이다. 안보 논리가 아무리 강해도, 굶어 죽는 북한 어린이 모습을 모른 체하기가 얼마나 어렵던가.

침략에 도움을 주던 지리학은 이제는 평화를 위한 학문으로 거듭나는 느낌이다. 지역 특성을 이해하면 상대방이 왜 그렇게 생각하는지도 쉽게 가슴에 다가온다. 예컨대 사람 먹을 음식도 부족한 중앙아시아의 혹독한 사막을 알면, 돼지고기를 먹지 못하게 막는 이슬람의 풍습이 지혜로 여겨질 테다.

나아가 철학적으로 깨인 생각은 땅의 가치를 한결 깊게 만든다. 철학자들은 '왜?'라는 질문을 거듭해서 던진다. 우리는 경제 발전에 목을 매고 산다. 그러면서도 정작 '왜 소득을 늘려야 하는가?'라는 물음에는 곤혹스러운 표정을 짓는다. 잘 사는 나라의 삶의 만족도가 지지리 궁상인 국가들보다 높지 않다. 목표에 대한 반성이 없는데 어떻게 결과가 좋겠는가.

행복과 건강함은 가지고 있는 땅의 크기와는 별 상관이 없다. 땅과 공간에 대한 진지한 고민은 삶과 자연을 건강하고 튼실하게 가꾸어 준다. 먹을거리에서 비즈니스, 도시에서 환경 문제에 이르는 이 책에 담긴 논의는 이런 목적으로 이루어졌다.

———

2009년 1월, 나의 외할머니께서 돌아가셨다. 어린 시절을 외가에서 보낸 나를, 외할머니는 평생 동안 누구보다도 아끼고 사랑해 주셨다. 할머니를 묻으러 가던 날, 나는 지관(地官)처럼 풍수를 살피고 또 살폈다. 그 전까지 나에게 풍수지리는 미신이거나 공부할 '사상'일 뿐이었다. 막상 내 문제가 되고 나서야 나는 묘지, 음택(陰宅)에 목숨 걸던 조상들의 마음을 헤아릴 수 있었다.

외할머니가 살아계셨을 때 미리 정해 놓으셨던 마지막 터에서, 나는 알고 있는 보잘 것 없는 풍수 지식을 총동원하여 산과 강, 바람을 읽었다. 앞산과 뒷산이 바람은 잘 막아 주는지, 혹시 습기가 올라오지는 않겠는지 등등. 내가 해드릴 수 있는 것은 이제 그것밖에 없었다.

  절절한 마음으로 말을 걸면, 땅은 우리에게 이야기를 들려준다. 마지막 남은 퇴직금으로 가게를 여는 가장(家長)도 숱하게 질문을 던지며 가게 터와 대화를 나눌 테다. 중요한 점은, 자기 욕심보다는 땅이 원하는 바에 방점을 두어야 한다는 것이다. 걸맞지 않은 역할을 강요받은 땅은 심하게 상처를 입는다. 그뿐 아니라 그 위에 얹힌 사람들도 불편해진다. 사랑하는 사람을 보듬 듯 공간을 보는 마음, '지리 시간에 철학을 하는 자세'는 그래야 한다.

───────

  마지막으로 감사의 글을 적을 차례다. 〈지식의 사슬〉 시리즈는 꼼꼼하고 정교한 편집으로 이름 높다. 완성도 높은 편집은 보잘 것 없는 글도 돋보이게 만든다. 웅진주니어의 여러분들, 그리고 출판기획 문사철의 강응천 대표, 정연경 편집자께 감사를 드린다.

  이 책의 원고는 지금은 사라진 한 청소년 잡지에 연재했던 글을 기본 골격으로 삼았다. 긴 연재 기간 동안 게으른 필자를 요령 있게 인도했던 안지연 기자, 오윤정, 황희연 팀장께도 감사한 마음을 전한다.

  고등학교 3학년 시절, 지리는 나에게 영어 다음으로 재미있던 과목이었다. 현대고등학교 이정기 선생님은 『사회과 부도』 하나만으로 세상을 완전히 다르게 보게 해 주셨다. 그분의 수업은 열아홉 살 나에게 최고의 명강의였다. 그분이 아니었다면, 나는 지리학의 즐거움을 깨닫지 못했을 것이다.

  내가 근무하는 중동고등학교에도 은사님 못지않게 훌륭하신 지리 선생님들이 계시다. 박석규, 문재우, 조성호 선생님은 부끄럽고 유치한 나의 의문들을 진지하고 성실하게 풀어 주셨다. 특히, 조성호 선생님은 '철학하는 지리 교사'의 모델이라 할 만큼 훌륭한 나의 사우(師友)이다. 세 분에게서 평생 동안 가르침을 받았으면 좋겠다. 아울러, 김병민 교장 선생님, 이윤우 이사장님을 비롯한 중동 가족 여러분의 배려에 고개 숙여 감사를 드린다. 삼성그룹 해외 주재원으로 오랜 연륜을 쌓으신 서광열 사무국장님이 들려주신 재미있는 일화들은 책의 곳곳마다 영감을 주었다. 이 역시 감사한 마음이다.

마지막으로 가족에게 고마움을 전할 차례다. 「들어가는 말」에 밝혔 듯, 이 책을 쓴 모티브는 아버지의 '지리를 읽는 눈'이었다. 불혹이 되고서야 아버지의 마음을 알 것 같다. 사업을 하는 두 형님도 책상물림인 나에게는 보이지 않던 땅의 논리를 새록새록 일깨워 주셨다. 어찌 보면 책의 진짜 필자는 아버지와 두 형님이라 해도 과언이 아니다.

장조카 종훈이와 종빈이가 벌써 중학생이다. 두 아이에게 이 책이 정말 읽을 만한 책이었으면 좋겠다. 나는 두 아이에게 선물한다는 마음으로 이 책을 썼다. 이런 나의 노력이 자식들과 손자, 손녀들에게 평생 헌신하신 어머니께 보답과 희망이 되었으면 한다. 아내와 종석, 지원에게로 향하는 아빠의 따뜻한 가슴은 표현할 방법이 없다. 남산의 부드러운 뒤태처럼 내 가족에게 든든한 사람이었으면 좋겠다.

221

사진 및 그림 자료 출처

지도박물관, 웅진지식하우스, 2010
대상인의 시대, 박영북스, 2010

London for visitors, Time Out Guides Limited, 2009

고려대학교박물관, 동물자유연대(animals.or.kr), 북앤포토, 서울대학교규장각한국학연구원,
서울역사박물관, 서울춘천고속도로, 연합포토, 코비스, 한국철도공사

위키미디어 공개자료실 : Adagio, Beverly & Pack, Bouette, Cronwood, Felix Koenig, Jack French,
Marc Ryckaert, Mark Wagner, Myrabella, Paul Birrell, Pennbradly, steffen heilfort

※ 웅진주니어는 이 책에 실린 모든 자료의 출처를 찾기 위해 최선을 다했습니다. 누락이나 착오가 있으면
다음 쇄를 찍을 때 꼭 수정하겠습니다.